お金持ちがこっそり始めてる

「くせ強」資産ブースト術

1億の壁を超える「シンお金の増やし方」

副業アカデミー代表
小林昌裕

KADOKAWA

はじめに

「あれ……このままこの会社に定年まで勤めたとしても、老後の資金、4000万円ぐらい足りないいんじゃない？」

私の目の前には「寸志」と書かれた封筒に入っていた賞与明細がありました。その金額は「5万円」――。

今から15年前、26歳だった私は、東証一部上場企業とはいえ、かなりブラック気味だった建材メーカーを辞めて、ダイカストマシンなどを鋳造する工作機械のメーカーに転職したばかりでした。

もちろん、固定給が上がることを前提で転職したのですが、最初のボーナスがいわゆる「寸志」で、結果として転職した年度の年収は大幅に下がってしまいました。

その封筒を手にして将来の不安を感じた私は、改めて自分の生涯年収と、老後に必要となるであろう生活資金をシミュレートしてみたのです。

しかし、何度電卓を打ち直しても、出てくる結論は一つ――「**会社員として頑張り続けても、老後に生活を維持していくのは難しい**」ということでした。サラリーマン人生を全うしたところで、老後は4000万円が不足するという衝撃的な結論に、私は大きな不安に襲われたのです。

ゆとりある老夫婦の生活というと月に34～35万円、最低限の生活でも24万円ぐらい必要だといわれていました。ということは、仕事を退職したあとも年間で300～400万円ものお金が必要になることを意味しています。

もちろん、どれだけ生きるかによって必要となる金額も変わるでしょうが、退職金や年金をもらえるとしても、このまま会社員を続けていては老後のために4000万円もの資金を作ることは不可能に思えました。

「おじいちゃんになってお金に苦しむような生活はしたくない……」

私はすごく経済的な不安を感じました。

今すぐ、より給料のいい会社に転職するべきなのか――。

しかし、私は転職したばかりで、またすぐに転職ということは考えられない状態です。臆病者の私には、すぐに2度目の転職に踏み出す勇気はありませんでした。

では、どうしたら自分の不安を解消できるのか――そのときに思い浮かんだのが「副業」というキーワードだったのです。

とはいえ、副業についての知識はまったくといっていいほどなかった私は、とりあえず本屋に飛び込み、ロバート・キヨサキさんの『金持ち父さん 貧乏父さん』(筑摩書房)を手に取りました。かなりベタな流れですが、この本からは大きな影響を受けることになります。

私は単細胞なので、読み終わると同時に「**不動産投資ならサラリーマンでもできる!**」と思い、転職からちょうど半年経った2009年7月、初めて投資用に450万円のワンルームマンションを購入したのです。

この09年は「リーマン・ショック」の翌年で、不動産の価格が下落していたのはラッキーだったのかもしれません。ただし、私はそれまでの相場なども知らず、お金の不安を感じ始めて『金持ち父さん 貧乏父さん』を読んだタイミングで不動産投資を始めたに過ぎません。

いろいろな副業がある中で、いきなり区分マンション（1部屋だけの賃貸用物件。全戸が投資対象となる一棟マンションと区別するための呼称）を買うというところから私の副業人生が始まりました。

「簡単に不動産投資なんていうけど、資金はどうしたの？」

当然、そういう疑問が浮かびますよね。実は、1社目のブラック企業で社畜のように働いていたおかげで、貯蓄していたお金があったのです。「貯蓄」といえば聞こえはいいですが、忙しくて使う暇がなかったために貯まっていたというのが本当のところです。

ただし、転職したばかりで勤続年数が数カ月だったこともあり、銀行で融資を組むことは厳しく、ローンを組むことはできませんでした。そのため、**なけなしの預金450万円でワンルームを現金買い**することにしたのです。

東京都台東区上野エリアでワンルームを買ったことが、私にとっての初めての「副業」となりました。不動産投資とはいえ、私の中ではあくまで副業という位置付けです。おかげで、本業で働いて得る給料以外に、家賃収入が毎月5万円ほどコンスタントに入ってくるようになりました。

「本業とは別に、こんなふうにお金を稼ぐことできるんだ」

そう思ったら、何か見ている景色が変わりました。

世は超低金利の時代、銀行に450万円を預けていても、年間に数十円しか利息は付きません。それは「死んでいるお金」といってもいいでしょう。しかし、それをワンルームマンションに替えただけで、**月に5万円を生み出す「生きたお金」に変身させることができた**のです。

そこからは物件を増やそうと思いましたが、何せ資金がありません。そこで、会社員としてしっかり働くことによって1年分の所得を証明する源泉徴収票を手にし、銀行の信用を得る作戦に出ました。

そのかいもあって、1年後には銀行の融資を受けることができ、もう2部屋ワンルームを買うことができたのです。最初に買ったものと合わせて3部屋、家賃収入の手残りが毎月10万円ぐらいになりました。

本業の給料は年収400万円台でしたから、月の手取りは25万円程度です。副業の10万円がコンスタントに入ってくるのは大きいですが、それをまるまる貯金したところで年間120万円。目標の4000万円をためるには30年以上かかります。

「区分マンションだけでは足りないな」と考え始めていた頃と、結婚する時期がちょうど重なり、妻の収入も合算してより大きなローンを組むことが可能となりました。

そこで、そこからは一棟物のアパートを買ったり、土地から探して新築のアパートを建てたり、不動産投資の規模をちょっとずつ大きくしていったのです。もちろん、これは妻の理解があってのことです。妻の協力がなくては、今の私はありません。

その結果、年間の家賃収入が3000万円を突破し、不動産賃貸経営以外にも20余りの副業を実践したことで**年間収益（売上ではありません）が1億円を超えました。**本業の年収が500万円に届かないサラリーマンが、わずか数年で1億円オーバーという夢のような世界を実現させたのです。


私は、人生を変えることのできる投資や副業の素晴《すば》らしさを伝えるために、2014年の8月、31歳の夏にサラリーマンを「卒業」しました。

サラリーマン時代にも投資や副業についてブログで情報発信していたこともあって、それらについて教えるコンサルティングや講師のようなニーズがありました。そして、不動産やインターネットを使ったビジネスのセミナーを自分で主催することも徐々に増えていったのです。
脱サラして2~3年は1人でこなしていました。しかし、副業や資産運用の知識を広げ、多くの人を将来のお金の不安から解放するためには「教える組織」をきちんと作って活動することが必要だと考え、2017年、**日本初の副業専門スクール「副業アカデミー」**を立ち上げたのです。現在は累計受講生も3500名を超えて、受講生の皆様の副業や資産運用のサポートをさせていただいています。

副業アカデミーには、もちろん「副業や投資で成功したい」という人たちが集まってきます。その中から、すでに25名の〝億り人〟が誕生していますが、残念ながら生徒さんの全員が成功しているわけではない、というのが実態です。

その理由を考えてみると、皆さんは私のように単細胞ではないということなのかもしれません。

漠然と「お金が欲しいなぁ」と思っている人と、実際に「億り人」となった人の違いは何だと思いますか？　それは、単純に「やるか、やらないか」に尽きます。お金を増やす方法を知ったとしても、ご自身で動かなければ利益が出ないのは当然です。

本書の中でも言及していきますが、皆さんが思っている以上に日本という国はヤバい状況にあります。少子化によって人口が減っていくのは確実ですから、消費税や社会保険料は上がり続け、逆に年金は支給年齢が上がり、どんどん減額されていくのは目に見えています。このまま何の行動も起こさないままだと国と一緒に沈没していくだけです。

安心や豊かさは、もはや国から与えられるものではありません。それらは自らが勝ち取っていく時代に入ったのです。

そのために、サラリーマンにできる範囲の努力と資金に、ちょっとくせは強いかもしれませんが、**〝ブースター〟（速度を増すための装置）をかけて資産を増やしていくノウハウと心構えをお伝えしよう**と思い、本書を世に出すこととしました。

ほんの少しの勇気を持って、一歩踏み出して、**人生を変えるのは「今」です。**

まだ間に合います。「今」この瞬間から考えを変えていきましょう。

小林昌裕

目次

第6章　お金持ちになるための鍵は「マインドセット」

・本書の内容は、2024年1月～2月時点の情報に基づいています。
・本書は著者個人の意見や分析であり、著者によって提供されたいかなる見解や意見も、読者に利益を約束するものではありません。
・本書で示した著者の見解や取り上げた内容によって読者に損害が生じても、著者および発行元はいかなる責任も負いません。投資の判断はご自身の責任で行ってください。

序章

このままでは将来のお金が全然足りない！

「くせ強」資産ブースト術 01

想像よりも悲惨な日本の近未来。「何もしない」のはリスクだ！

今の日本では、路上に失業者があふれたり、餓死者が多発しているわけではないのであまり実感はありませんが、実は財政的に相当逼迫《ひっぱく》しています。財務省のデータを見ると**「安心で豊かに暮らせる日本」というのは幻想に過ぎない**のは明らかです。

２０２３年度の国の歳入を見てみると、税収とその他の収入を合わせて78・８兆円に達します。一方で歳出は、社会保障費に36・９兆円、地方交付税交付金等で16・４兆円、防衛費や公共事業などで35・８兆円、さらに過去の借金の返済と利息（国債費）で25・３兆円となり、合計で１１４・４兆円もの予算を組んでいます。

■ 2023年度日本の予算構成

（金額：億円）

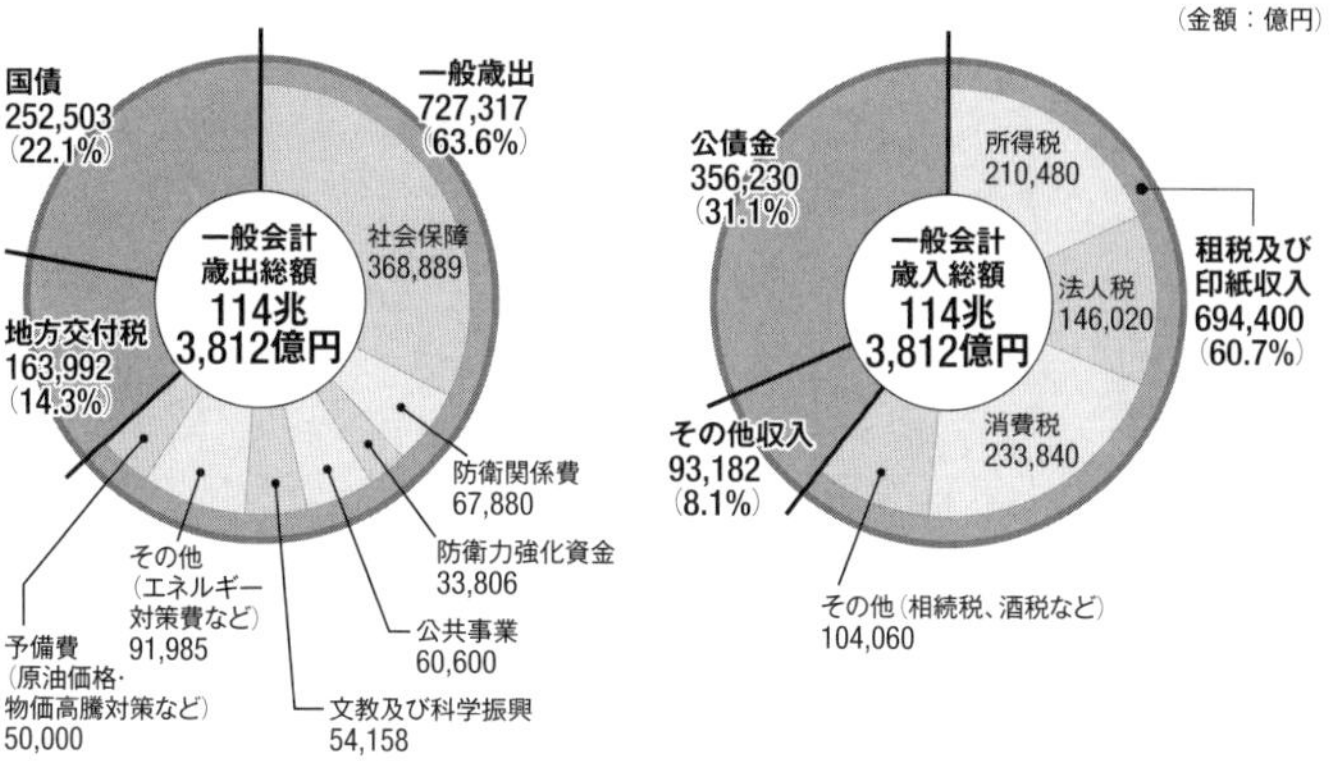

※「一般歳出」とは、歳出総額から国債費及び地方交付税交付金等を除いた経費のこと。
※「基礎的財政収支対象経費」（＝歳出総額のうち国債費の一部を除いた経費のこと。
当年度の政策的経費を表す指標）は、895,195（78.3%）

出典：財務省

収入の78・8兆円だけでは足りないのは子どもでもわかります。では、足りない35・6兆円はどうするのかというと、また国債を発行して借金を増やしている――それが、日本の1年間の財政の正体です。

この比率を一般家庭に当てはめてシミュレーションすると、月に26万円の給料に対して、田舎への仕送りを含めた家計費が30万円、家のローンの支払いに8万円となり、毎月足りない12万円くらいを借金していることになります。明らかにおかしな収支です。

本来であれば収入に合わせた支出をしていけばいいのですが、日本の場合、福祉や医療などの社会保障費や防衛費などの支出はあまり見直さず、収入を上げるために借金を重ねたうえに増税をしてきました。その借金が積もり積もって、23年度末には国債残高は1068兆円にも達しています。総人口の1億2434万人（23年10月1日現在）で割ってみると、1人860万円の借金を抱えていることになります。

こういう話になると、すぐに「日本が財政破綻《はたん》してデフォルト（債務不履行）してしまうのではないか」「日本円が紙きれ同然になってしまうのではないか」という議論になりがちですが、私はそのリスクは低いと考えています。

かつてギリシャがデフォルトに陥りましたが、それはフランスやドイツなど外国から借りていたお金を返せなくなったのが原因でした。日本の場合、国債を買って保有しているのは日本の企業や日本人がほとんど。ある意味、日本国民が政府にお金を貸しているという構造なので、国内でお金を回せているうちは大丈夫だと思われます。

そうはいっても、日本がもし会社組織ならばとっくに倒産しているレベルの超不健康な財務体質であることは間違いありません。**日本が限界を迎える「Xデー」はそう遠くない未来に訪れる可能性はあります**。

これに拍車を掛けているのが、少子高齢化の問題です。日本人がどんどん減っていることは、納税者がそれだけ減ることを意味しています。その一方で年金を受け取る高齢者の数が増えていくのですから、もらえる年金の額は今後どんどん削られていくとともに、現役世代が支払う社会保険料は増えて、手取りが減っていくことは間違いありません。財源の確保を理由に、いずれ消費税も上がっていくことになるでしょう。

現在、現役世代がせっせと年金を納めていても、30年後、40年後にそれがもらえるのかどうかは怪しい状況です。そもそも、年金を「積立て」だと勘違いしている人もいますが、日本の年金の仕組みは「**賦課方式**」といって、私たちが払っている年金は今の高齢者たちに年金として払われています。払ったお金がプールされているわけではないのです。

果たして、私たちが高齢者になったときに、人口が減っている日本で現行の年金制度が存続しているのか――それも疑問です。

こうした日本の財政状況を見ると、10年後、あるいは20年後には非常に厳しい状況になっているという危機感を大前提として持っておくべきです。将来は何が起こるかはわかりませんが、自分の身を守るためにも、「何もしない」という選択はあり得ないのです。

「くせ強」資産ブースト術 02

国や企業が「副業」や「投資」を奨励する意味を考えよ

2018年1月、厚生労働省は「副業・兼業の促進に関するガイドライン」を作成し、大企業を中心に副業を認める動きが一気に広がりました。

この動きを歓迎する人がほとんどだと思いますが、これの意味するところを考えたことはあるでしょうか？

かつて「終身雇用」が当たり前だった時代には、副業や兼業を行っている人は珍しい存在でした。しかし、今は違います。副業をしている人の数は年々増えています。

これは、「終身雇用」「年功序列」「新卒一括採用」「定年制度」といった、日本独自の雇用システムが崩壊しつつあることを示しています。

「副業容認」という言葉の裏には、企業側の**「本業だけでは食べさせていけない」「定年までは面倒を見切れない」「退職金などプールできない」**という本音が隠されていることに気がつかなければいけません。

また、「貯蓄から投資へ」と国が音頭を取って、ＮＩＳＡ（少額投資非課税制度）やｉＤｅＣｏ（個人型確定拠出年金）など非課税の優遇制度を作ってまで国民に投資を推奨するのも同じような理由です。超低金利時代が長く続いていることから、「銀行などに預けていても国民の資産が増えないから何とかしてあげたい」などという親切心は1ミリもありません。もはや年金制度の崩壊が目に見えているので、「自分たちで何とかしてくれ」というメッセージに他ならないのです。

個人が投資に失敗したところで自己責任、国は責任を取る必要はありませんし、成功すれば個人が潤う分、医療費や年金が削減されても不満は減るでしょうから、国にとっては好都合です。

かつて「資産運用」といえば、富裕層が行うものだというイメージがありました。

しかし、お金に困っていない富裕層ではなく、ごく「普通の人」こそ資産運用に真剣に向き合わないといけない状況となっています。終身雇用制度が崩れたことで常に生活に対する不安が付きまとい、社会保障費や税金は引き上げられ、インフレで物価は上がり、仮に会社を勤め上げたとしても退職金がもらえるかどうかもわからないからです。

困ったときに国に企業に助けてもらえないのであれば、自分のことは自分で守るしかありません。「流行《はや》っているから」「みんなやっているから」などという理由からではなく、**真剣に副業や投資に向き合わなければいけないときが来ているのです。**

インフレと円安が同時に襲いかかる日本の近未来を想像していくと、あまり明るい展望は見えてきません。海外移住でもしない限り、この日本社会で生きていかなければいけないのですから、「投資は危険だ」「銀行にお金を預けておけば安心」「いざとなったら国が助けてくれる」などといった固定観念や幻想、根拠のない希望を捨てて、自衛の方策を考えていくべきでしょう。

また、いくらお金があっても「円」という通貨にこだわれば危険がついて回ります。一部を外貨にするだけでも見える世界は変わります。今すぐにやるか、面倒くさいから先延ばしするか——それが10年後、20年後に大きな差として現れることでしょう。

「くせ強」資産ブースト術 03

「つみたてNISA」だけで老後資金が作れると思うな

株式投資など分離課税が適用される投資で得た利益にかかる税率は、20・315％（所得税15％、住民税5％、復興特別所得税0・315％）と定められています。

たとえば、100万円で投資を行って10万円の利益があった場合、税金として2万315円が引かれ、利益は7万9685円となります。NISA枠での運用であれば、まるまる10万円を受け取ることができます。ちなみに、銀行などの預貯金の利息にもこの税率が適用されています。

これまでは「つみたてNISA」と「一般NISA」のどちらかを選択しなければ

いけませんでしたが、2024年から導入された新しいNISAでは併用可能となり、投資できる金額も増額されました。特に、つみたてNISAは年間40万円の投資枠が120万円に拡大され、「成長投資枠」（旧・一般NISA）と合わせて年間360万円の投資が期間の制限なく非課税で行えるようになったのです。

「新NISAは月10万円まで積立てしても非課税です」といわれると、確かにお得に感じるかもしれませんが、**〝そもそも月に10万円も積立てできますか？〟問題**があります。まして年間最大で360万円、月に平均30万円投資できる人はどれくらいいるのでしょうか。

ほとんどの人は本業の給料だけではそこまでチャージできないはずです。月3万円でもかなりキツいのではないでしょうか。子どもの教育費や不測の事態に備えて現金での預貯金も必要であり、余剰金のすべてを投資に回すことはできないからです。

仮に月に3万円、年率3％の利回りで20年間積立てしたとしましょう。元本は720万円で運用収益は264・9万円、最終積立金額は984・9万円になっているはずです。NISA枠でなければそこから53・8万円の税金が引かれ、最終積立額は931・1万円となります。

50万円以上も税金を取られるより有利ではありますが、20年もかかって265万円ほどしか利益が出ないというのは、いい投資とは私には思えません。

私が老後資金として必要だと考えた4000万円を20年のつみたてNISAで作るには、年利3％の運用では月12・2万円（元本2928万円、最終積立額4005・3万円）、年利5％の運用なら月9・8万円（元本2352万円、最終積立金額4028・1万円）という計算になります。もし月3万円しか積み立てられないのなら、年利14・2％の商品を見つけなければなりません（元本720万円、最終積立金額4013・9万円）。これらの数字は果たして現実的でしょうか。

さらに大きな問題もあります。私は、必ずこの10年から20年の間で「〇〇ショック」と名付けられるような大暴落がまた来ると思っています。1989年の内需バブル崩壊、2001年のITバブル崩壊、08年のリーマン・ショック、そして20年のコロナ・ショックと、7～12年周期で大きなショックが来ているので、**また新たな金融危機が起こっても不思議ではありません。**

仮に、つみたてNISAや投資信託をやっていたとして、そうした大暴落に耐えられるのでしょうか？　コロナ・ショックのように、すぐに回復する可能性もありますが、目の前の大暴落に狼狽《ろうばい》売りせずに買い支えるマインド、覚悟はあるのでしょうか？

思い切った投資をしたつもりでも、投資信託がせいぜいという方は、投資成果が少しマイナスになっただけでビビってしまい、そこでやめてしまうパターンが多いようです。そこでもう少し歯を食いしばって頑張ればまた価格は戻るかもしれないのに、資産がマイナスになるのに耐えられなくなって手放してしまいがちです。

「非課税」という言葉につられて、ろくな勉強もせずにＮＩＳＡを始めて、含み損を抱えるとメンタル的にしんどくなってやめる――これは最悪のパターンです。しかし、そういう方が多いのも事実です。

もしそうした暴落を乗り越えたとしても、20～30年かけて１５００万円を積立てたところで２０００～２５００万円がせいぜいであるのならば、**〝実はそんなに増えていないいじゃないか〟問題**にも直面することでしょう。

さらに、積立ての大きな弱点が「インフレに弱い」というところです。20年後に４０００万円できたとしても、インフレが進行していれば、今の価値の半分以下になっている可能性もあります。

こうしたことからも、「非課税」という言葉だけに惹《ひ》かれて、本業の給料から小額投資を続けていくだけでは効率のいい投資にはならないと、私は考えています。それよりも、多少の課税は気にせずに、本業以外の収入の柱をしっかり作っていくことに向き合うべきではないかと私は訴えたいと思います。

自分が取れる範囲のリスクを取って投資を始めよう

私がおすすめする『『くせ強』資産ブースト術』は、銀行や証券会社に任せっきりというわけにはいかないので、確かに手間はかかります。しかし、いよいよ**残酷な現実に向き合うことが待ったなしの状況**なのです。

「くせ強」といっても、人生が狂ってしまうようなリスクを取るわけではありません。そもそも私自身、ハイリスク・ハイリターンの投資は行ったことがないのです。

多くの皆さんが欲しがるのはノーリスク・ハイリターンの投資ですが、それはお小遣いの範囲で宝くじを買い続けるくらいしかありません。ただし、少額とはいえ、大事な投資資金をドブに捨てているのと変わりないように私には思えます。

私は本書を手に取っていただいた皆さんに、せめてローリスクの投資、**今取れるリスクを少し取れば、「億り人」への階段を上がっていける**ということを知ってもらいたいのです。

それだけで、何の行動も起こさない人と数百万円、数千万円という差がついてくるのです。そして、最初の一歩を踏み出すのに皆さん躊躇《ちゅうちょ》しますが、そのハードルは実はそれほど高くはないということもお伝えできればと思います。

今まで皆さんがやってこなかったこと、避けてきたこと、気づきもしなかったことに大きな可能性が眠っています。

一歩踏み出して、人生を変えるのは「今」です。安心や豊かさは国から与えられるものではなく、自らが勝ち取っていくものだと、今この瞬間から考えを変えていきましょう。

「くせ強」資産ブースト術 04

「時間がない」はNGワード。時間は自ら作るもの

「副業をやってみたいけど、本業が忙しくてそんな時間がない」

副業や投資に踏み出さない言い訳として一番使われるフレーズがこれです。

私は「タイムマネジメントセミナー」を行っていますが、「時間管理」は非常に大事なものだと考えています。

私が副業を始めた20代の頃、完璧に時間管理ができていたかというと、正直できていませんでした。しかし、時間を作るために「やらないこと」を決めていました。

たとえば、会社の上司や同僚と飲みに行くことをやめました。「仕事帰りの一杯が

■『7つの習慣』4象限マトリックス

	緊急	緊急でない
重要	Ⅰ ●締め切りのあるプロジェクト ●会議や報告書 必須	Ⅱ ●準備 ●人間関係づくり ●予防 ●レクリエーション ●計画 ●価値観の明確化 効果性
重要でない	Ⅲ ●不必要な中断 ●不必要な報告 ●意味のない会議、電話、メール、報告書 ●他の人のささいな事柄 錯覚	Ⅳ ●無意味な電話、メール ●時間の無駄遣い ●テレビの見過ぎ、休憩のし過ぎ ●「逃げ」の活動 浪費・過剰

『7つの習慣』(スティーブ・R・コヴィ著／キングベアー出版)より著者作成

やめられない」という方にはストイックすぎて、共感されないかもしれませんね。

ただ、私は酒の席が嫌いということではなく、宴席でよくある過去の栄光や現在の愚痴を話して憂さ晴らしをすることにまったく意味がないと思ったのです。

当時の飲み会と言えば、「俺は過去にこんな偉業を成し遂げた」とか「あの上司ウゼー」などの話に終始していました。そこで、社内で少し嫌われるのは仕方ないと覚悟して、**ただの憂さ晴らしの飲み会には一切行かない**ことにしたのです。

すると、家に帰って必ず家族との時間を1時間ほど作ったうえで、食事やお風呂を済ませても、夜10～11時から自由な時間が手に入れられるようになりました。

そこで私は副業を夜に「予定」として入れるようにしたのです。

本業の場合、Ｇｏｏｇｌｅカレンダーや手帳などに自分の予定を書き込んでスケジュールを調整していくと思いますが、副業になると、それをやらない方が多いようです。しかし、それではなかなか副業の時間が作れません。副業であっても「夜10時から1時間、物件をリサーチ」「夜11時から文字入力のバイトをする」など、予定としてスケジュールに落とすのが一つのコツです。

さらに、テレビやネットをダラダラ見るような時間を極力抑えました。やはり、少しは頑張る意識があったからできたことだと思います。

スティーブン・Ｒ・コヴィーのベストセラーのビジネス書『7つの習慣』（キングベアー出版）の中に、縦軸を重要度、横軸を緊急度とした「**4象限マトリクス**」**を使ったマネジメント**が出てきます。

この中で第4象限（Ⅳ）にあたる、重要でも緊急でもないものには、テレビやＹｏｕＴｕｂｅ、ＳＮＳを見てダラダラする時間が入ります。

もちろん、リフレッシュするという意味ではすべてがムダとは言いませんが、基本的に無意味で時間の浪費となる行動は避けたいものです。

「くせ強」資産ブースト術 05

何が重要か、優先順位をはっきりさせよ

「4象限マトリクス」において、第1象限（Ⅰ）は重要で緊急なことなので、不可避で必須の行動です。本業の仕事でのミーティングや締め切り、クレーム対応がそれに当たります。

ただし、それが一番大切なことかというと、そうではありません。一番大切なのは、**「緊急ではないものの重要」である第2象限**（**Ⅱ**）**の「効果性」です**。ここにいかに自分の時間を注ぐかが非常に大事なことです。

たとえば、健康に向き合うというのは第2象限に入ります。何もしなくても心臓は

動いてくれていますが、年を取ったらガタが来るかもしれません。体の不調を感じていなくても、今から食事制限したりトレーニングしたりすることは、緊急ではありませんが、とても重要なことです。

実は、**「副業」も第2象限に入ります**。たとえば、今は本業の給料があって、家賃を払って生活できるので副業しなくていいかもしれません。しかし、先述の通り、日本の財政状態は瀕死状態といっても過言ではないので、今から準備しておく必要があるはずです。つまり、「緊急ではなくても重要」なことなのです。

ややストイックに感じられるかもしれませんが、第4象限をゼロに近づけて、第2象限にあてる時間をできるだけ増やすことがとても重要となります。

具体的には、まずは手帳やＧｏｏｇｌｅカレンダーに第2象限のスケジュールを優先的に入れて、タイムマネジメントしていくのが一番です。特に、私のような凡人には再現性が高い手法だといえます。この第2象限のスケジュールを確定させることをやっている人は意外と少ないようです。

緊急でも重要でもない第4象限に時間を割くことは、誰にでもあるはずです。それを整理する意味でも、「これ意味ないよな」「習慣でやってるけど削れるな」と思うことをまず書き出してみましょう。その代わりに、緊急ではなくても重要なことで何ができるか書き出して、できるところからやってみるのがいいと思います。最初は無理をせずに、1週間に2~3時間でいいので、その時間を作ってスケジュールに入れることから始めてみましょう。

ネットと連動したスケジューラーでアラートが出る設定にしておけば、忘れることはありません。それで、**「夜10時になったから本を読もう」「筋トレしよう」「物価をリサーチしよう」**などと、行動を継続する習慣付けをしていくのです。第2象限ですから、すぐに結果を求める必要はありません。

私は「サラリーマンなのに副業で『億り人』になった」を一種のキャッチフレーズにしてきたので、「この人、いったいいつ寝ているのだろう?」、「寝る間も削って働き続けるなんて嫌だ」と思われることもあるようです。

確かに時間のやりくりには苦労したことはありましたが、「緊急ではないけれど重要でやるべきこと」を自分の手帳に書き込んで、それを優先するようになってから、時間をコントロールできるようになりました。もちろん、副業のせいで本業に支障が出るようなことは一切ありませんでした。

第1章

「つみたてＮＩＳＡ」や「投資信託」で安心はウソ

「くせ強」資産ブースト術 06

「投資信託だけやっていればOK」なわけがない

「楽をしたい」「努力したくない」——これが人間の根源にあることは間違いありません。誰だってわざわざ苦労したり、一生懸命努力したいとは思わないはずです。

しかし、資産を増やしていこうと考えたときに、この思考はきっぱり捨てるべきだと思います。大事なお金なのですから、「楽して増やそう」などとは思ってはいけないのです。

「お金が大事だからこそ、金融機関のプロに任せたほうが安心では？」

「将来が不安なので投資を始めたいけど、何から始めればいいのかわからない」

こうした投資ビギナーに一番聞こえがいいのが「投資信託」です。誰もが知っている大手金融機関で扱っていてリスクも低く、商品を買ったり、あるいは積立金額を決めてスタートさせたら、あとはもう任せきりで何もしなくていいし、何も考えなくてもいいというのがウリとなっています。

有名なビジネス系インフルエンサーの皆さんも「**投資信託を買ってさえおけばいいよ**」とＹｏｕＴｕｂｅなどで発信されていて、３０００円程度の小額で投資信託を積立てていく本もベストセラーとなっています。

そうした情報に接していると、「つみたてＮＩＳＡの投資信託がゴールだ」などと思い込みがちです。「これが楽だし、何もしなくていいんだから、これでＯＫ」と無理に自分を納得させている方も多いのではないでしょうか。

中には、「本当はもっといい投資の方法があるんじゃないのかな……」と思いながらも、「自分であれこれ考えて投資するのは面倒だし、このままのほうが楽だからいいか」と言い聞かせている人もいます。また、本当に「他の投資商品はすべて間違いで、投資信託だけが正解」と信じ切っている人も多くいらっしゃるようです。

先日、非常に有名なビジネス系の本の著者さんとポッドキャストでコラボしたのですが、その方は「**投資信託の商品の99％は詐欺商品だ**」と言っておられました。

これはどういうことかというと、「運用実績は7・0％」などとうたっていたとしても、実は手数料や管理料がかなり高く、投資信託を売っている金融機関だけが儲《もう》かるような商品がほとんどだからです。

金融機関はお金を貸しても低金利でなかなか利益を上げられない状態でしたから、儲けるためにお客さんに投資信託を勧めているというのが実態で、その著者の方は「ほとんどの投資信託はやらないほうがいい」と断言されていました。

特に、お金について勉強するのが面倒くさいと感じている方は、銀行などの営業マンの言われた通りに投資信託を買ってしまうのですが、実際は大して増えないし、手数料が高くてあまり実入りが増えないというような状態になりがちです。

その中でもマシといえるのが「**eMAXIS Slim**」の**S&P500や全世界株式**（日本を含む先進国や新興国全世界の株式に投資できる投資信託。オール・カントリー、略してオルカンとも）という投資信託商品で、手数料が超低額なのがウリとなっています。

そのため、インフルエンサーの皆さんはこの商品に着目して、「アメリカ株や全世界株式は基本的に右肩上がりのうえ手数料がすごく低いから、これに投資しておこう」という情報を発信するわけです。すると、何に投資していいかわからずに悩んでいた人からは「いい情報ありがとう！」と感謝されて、皆さんそれだけを買うという構図です。実際、投資信託の人気ランキングを見てみると、S&P500や全世界株式が上位を占めています。

ただし、**毎月の貯蓄の予算全額を投資信託にしてしまうのはもったいない**なと感じてしまいます。

もし月5万円を捻出できるのであれば、2万円は投資信託をつみたてNISAで運用して、残り3万円はいったん貯金しておくというのはどうでしょう。1年間で36万円の現金資産ができるので、その36万円は別の取り組み、この本でこれから書いていくどれかの手段で、資産運用をしていくことを検討してはいかがでしょうか。

「くせ強」資産ブースト術 07

投資予算がない？それなら作ればいいだけ

投資の話をすると、「資金がない」ことを理由に行動しない人が一定数います。しかし、そうこうしているうちに何年も過ぎていき、すぐに動いた人との差は驚くほど広がってしまいます。

きちんと働いているのに、月に数万円すら捻出できないほどカツカツの生活を送っているというのであれば、それこそが問題です。生活の見直しはもちろん、転職することも考えたほうがいいでしょう。

「いや、そこまでカツカツではない」のであれば、投資に一歩踏み出さない言い訳に

「資金がない」と言っているだけではありませんか？

投資を行う大前提として、家計の見直しは必須です。たとえば、生命保険に月2万円も3万円も払っている方も多いようですが、本当にその保障や特約は必要なのでしょうか？

自分が死んでも家族が困らないようにしたいという気持ちはわかりますが、県民共済、都民共済で十分です。都民共済だけにすれば1000〜4000円程度で済むので、加入している生命保険を解約するだけで月2〜3万円近くの投資予算ができるわけです。

また、月々のスマホ代も見直す必要がありませんか？ **スマホに月に1万円近く払っていながら、投資の資金がないというのはおかしな話です。**

もし家族4人で月に3万円ほど通信費を払っているようだったら、正直、無駄遣いしているといわれても仕方ありません。

NTTドコモであれば、ａｈａｍｏに変えるだけで2970円になるし、格安SIMを使えば1500円、スマホで動画など見ず、メールと通話と、多少の検索程度であれば楽天モバイルなら1078円で済みます。家族4人で月に3万円もかかっていた通信費が1万円になれば、月2万円の投資予算が捻出できます。

その他、利用しなくなったサブスクの契約や光熱費などにもメスを入れていくことは、最低限やっていくべきです。日々の買い物や食費をケチったり節約したりするのは限界があるし楽しくないので、スマホ代、保険料、光熱費などの固定費を見直しましょう。

そして、**月5万円を貯金できるペースを作っていくことができれば、「億り人」へのファースト・ステップ**になります。そうすることで1年後には60万円の投資予算ができます。

それでも「60万円くらいじゃ何もできない」と、投資をしないための言い訳を重ねる方もいるかもしれませんが、そのようなことはありません。

もしも、貯金と同時にウーバーイーツなどの実働系バイトで頑張れるのであれば、およそ月に5万円の副業収入が生まれて、5万円の貯金と合わせて毎月10万円の予算となります。

そうなれば、新NISAで月5万円を運用して、残りの5万円は他の投資に回したり、もう少し貯蓄してから物販の仕入れ資金にしたり、可能性が開けてくるのです。

また、継続的な収入にはなりませんが、家にある不要品を売るのもいいかもしれません。メルカリでちょっとしたモノを売るだけで数万円になる場合もあるので、それをスタート地点とする考えもありでしょう。

ただし仮にメルカリで数万円儲かった場合、「あぶく銭だから使っちゃえ」は禁物です。きちんと投資資金に回しましょう。お酒を飲むなどしてお金を散財するのは、先ほどの「４象限マトリクス」の第４象限に当てはまります。ここは危機感を持って、第２象限に意識を持っていくことが必要になってきます。

そもそも投資とは、一夜で巨額の富を手にするギャンブルではなく、リスクを最小限にしてコツコツとやり続けていくものです。

まずは保険やケータイ会社を見直したり、場合によっては住宅ローンを金利の安い金融機関に借り換えたり、月に１～２度くらいしか乗らない自家用車をカーシェアやレンタカーにするなど、**少しでもキャッシュフローをプラスにする**ことから始めてみてはいかがでしょうか。

ただし、お金や投資のことを勉強するための書籍代など、「自分への投資」は、削るべきではないことは言うまでもありません。

「くせ強」資産ブースト術 08

投資信託は投資の第一歩であり、プロローグに過ぎない

「預貯金ではあまりにお金が増えないので、リスクは低くて、もう少し運用益のいい金融商品はないかな」

前述したように、そう思っている方に響くのが「投資信託」という金融商品です。

S&P500連動型の投資信託ならば年利6~7%で運用できると聞いて、安心して投資する人も多いことでしょう。

「S&P500」について、少し説明しましょう。1957年からS&P社（スタンダード・アンド・プアーズ社。現・S&Pダウ・ジョーンズ・インデックス社）が算

出している株価指数です。

採用されている銘柄は、世界のIT市場を牽引《けんいん》しているアップル、マイクロソフト、アマゾン・ドットコム、アルファベットなどアメリカを代表する500社で、アメリカ株式市場の時価総額の約80％をカバーしています。つまり、**アメリカ市場全体の動きを反映する指標**といって間違いないでしょう。

この指数の動きに連動して運用が行われている投資信託が、S&P500連動型の投資信託というものです。

つまり、アメリカ企業の業績がよくなれば、それだけ運用益は上がると考えられています。リスクが低く、高いリターンを見込める金融商品を探している人の目には、これは魅力的な商品に映るはずです。

投資の手始めに、新NISAでS&P500連動型の投資信託を積立てでやってみるのは、いいことだと思います。しかし、「それだけやっておけばOK」ということはありません。月に10万円積み立てられるなら別ですが、**月に数万円積み立てたところで老後に安心できる資産作りはほぼ不可能です。**

また、投資信託は元本割れしない商品だと勘違いしている人も多いようです。しかし、Ｓ＆Ｐ５００連動型の投資信託は、多業種の５００の企業に分散投資はされているものの、アメリカの景気の浮き沈みに大きな影響を受けてしまう商品設計となっています。アメリカの景気が好調なうちはいいですが、アメリカ市場に不測の事態が起こると、投資額を下回る可能性が出てきます。リーマン・ショックのとき、先進国株のインデックス投信は55％下落したというデータもあります。

非課税ということだけで新ＮＩＳＡで積み立てたところで、投資額を下回ったら資産を減らすだけで、非課税の恩恵はまるでありません。

前述のように、少額しか投資に回せない方が老後に安心して暮らせる資金を作るために、投資信託だけに資金を投入することに反対するのには、理由があります。それは、**「お金が必要なときに評価額が増えているとは限らない」**からです。投資信託の基準価額は日々変動します。仮に○○ショックが起きたときには、ガクンと資産が減ってしまいます。もちろん長い目で見ればまたそれを上回る可能性もありますが、現金が必要なときにそうした低迷期に直面したら、損失を確定させる必要に迫られます。

では、どうしたらいいのか？　私は、**まず手元に現金を貯めるべき**だと思います。

毎月少額の投資を続ける前に、月に3万円でも5万円でも貯金をして、まずは30〜60万円というまとまった額を作り出し、それを別の副業の資金にすることをおすすめします。

詳しくは第5章で述べますが、ネット物販やデリバリー、代行業、コンサルなどの副業は、どれも少ない資金で始めることが可能です。

ネット物販を行うためには、最初に10〜20万円の資金があると、すぐにでも始められます。

デリバリーはご存じの通り、資金はほとんど要りません。もし自転車を持っていなければ、それを買う5〜6万円があれば始められます。肉体労働ですが、週1回ウーバーイーツのデリバリー業務をやれば、月4〜5万円ぐらいは作ることができます。資金ゼロでウーバーイーツを始めて、半年で30万円ほど貯めてから、ネット物販に移っていくというやり方もあります。

また、家事代行や家具組み立て代行、そしてお墓参り代行など、副業となりうる代行系の仕事はたくさんあります。これらは1日1回の仕事で数千円から1万円ぐらいになるので、これを月4回やると3〜4万円は作れます。

何か得意分野がある人にはコンサル業もあります。これも資金は必要ありません。英語など外国語を教えられるとか手相が見られるとか、あるいは私のように副業のノウハウを教えることなどができれば、原価ゼロでコンサルタントをすることも可能です。

それぞれ、ＳＮＳの発信や集客の工夫が必要になりますが、始めるにあたっての予算は30万円前後で十分でしょう。

多くの資金がなくてもできる副業はあるので、思い立ったらすぐ始められる場合がほとんどです。もちろん、やりたい、やりたくないがあると思いますが、そこはグッとのみ込んで、「**将来のために始めるんだ**」と決めることが重要なのです。それを半年でも1年でも続けてみて、資金が作れたら、次のステップが見えてきます。

「くせ強」資産ブースト術 09

「つみたてNISA」×「実働系副業」の掛け算でブーストをかけろ！

つみたてNISAを始めてしまえば、月に一度銀行口座からお金を引かれるだけなので、自分の時間を使うことはありません。その点は、実働系副業とは実に対照的です。ウーバーイーツなどで自転車に乗る代わりに、家でテレビを見ていられるのですから、それが人気の理由となっています。

しかし、考えてみてください。ということは、他の副業で稼げる時間ができるということでもあるのです。

新NISAでは月10万円までの積立てが可能となりましたが、副業を始めることで、

10万円フルに積立てできる可能性も出てきます。

ネット物販で月に10万円から20万円の利益を出すことは難しいことではありません。

その利益の10万円を新NISAに入金していけば、これは素晴らしい化学反応を起こします。つみたてNISAでの資産運用と、実働系副業を掛け算してブーストをかけるという選択肢です。そこまでできれば理想的です。

副業の収入が10万円とはいかなくても、月に3万円を積立てながら月収5万円の副業収入を目指していけば、老後の不安を解消する手立てがだんだん見えてくるに違いありません。

いずれにしろ、つみたてNISAは、投資活動を始めるにあたっての第一歩であり、資産形成のプロローグに過ぎません。「これで終わり」「これで安心」というのではなく、その他にいくつかの投資の柱を立てていく必要があります。

第2章

「自宅は賃貸がお得」は大間違い

「クセ強」資産ブースト術 10

「リスクのない安心な選択肢の提案」にだまされるな

なるべく小さなリスクで大きなリターンを得たい——誰しもそう思うのは当然です。

ただし、「なるべく小さなリスク」が「なるべく楽をする」に置き換わっていないか、セルフチェックをしてみてください。

自分の大事なお金を増やそうとするときに、まず「楽をしたい」「放ったらかしで人にお任せしたい」と考えるのであれば、「何も考えないで人の言いなりで生きていきたい」と思っているのと同じだと自覚するべきです。

また、お金を増やすことよりも、お金を失うリスクが気になって、小さなリスクしか負えないのであれば、当然ながら小さなリターンしか得ることができません。

少しでもお金を減らすのは嫌だという人は、「リスクが小さい」「元本保証」などという言葉に惑わされます。せっかく余剰資金があったとしても、ただ銀行預金に寝かせてあるだけではないでしょうか。

日本もインフレの局面に突入し、ついに低金利時代を脱出したことから、三菱UFJ銀行では2023年11月から10年物の定期金利を0・002%から0・2%と100倍引き上げました。「100倍」と聞くとすごいですが、**100万円預けても、1年の利息は2000円に過ぎません。**それ以前は年に20円であったことを考えると大幅増ですが、10年間も銀行に預けるリターンとしては少なすぎるとは感じないでしょうか。

ちなみに10年後の満期には利息は2万16円、税が引かれると1万5951円で、預金額は101万5951円に過ぎません。リスクは確かにゼロに近いですが、これではとても老後資金を作ることは不可能な数字です。しかも、普通預金の金利は年0・001%に据え置かれたままです。ある程度の余剰資金があるのに、とりあえず銀行に預けっぱなしというのは最悪の選択だといえるでしょう。

ところで、戦後の高度経済成長期を支えた、昭和1桁〜10年代に生まれた私たちの祖父母世代は預貯金が大好きです。おじいちゃん、おばあちゃんにお年玉をもらうときに「ちゃんと貯金しておくんだよ」と言われた経験がある方も多いのではないでしょうか。

実は、超低金利の世界で育った私たちと、祖父母世代では「預貯金」の意味が違います。どういうことかというと、祖父母世代にとって預貯金は立派な投資だったからです。

私たちにしてみれば、銀行預金はお金をただ入れておくところで、いわばサイフ代わりに過ぎません。しかし、高度経済成長期には、銀行や郵便局にお金を預けておくだけで利息が5％前後ついていたのです。郵便局（現在のゆうちょ銀行）では1990年には定期貯金の金利が6％を超えていました。仮に100万円を元本に複利で運用できれば10年ちょっとで179万円にすることが可能です。**半世紀前、預貯金はまさにローリスク・ハイリターンの投資だった**わけです。

預金というのは私たちが銀行にお金を「貸している」行為です。お金を貸している対価として金利がついて、それが利息として払われているわけです。

銀行は私たちが預けた預金を原資に個人や法人に金利1〜3％くらいでお金を貸し

ています。つまり、その利ざやの分が銀行の利益になるわけです。

また、超低金利時代が長く続いたことで、利ざやだけでは利益をなかなか上げづらくなったため、各金融機関はカードローンなど消費者金融に力を入れるようになりました。たとえば、業界最大手の三菱ＵＦＪ銀行のカードローンの金利は年１・８％〜14・６％です。元はといえば私たちが銀行に貸しているお金が融資されているわけですが、そのお金を貸している私たちには０・００１％の利子しか入ってこないことは知っておかなくてはいけません。

その他に、銀行や保険会社などの金融機関が私たちの預貯金、保険料などでせっせと買っているものの一つが日本国債です。各金融機関としては他人のお金でハイリスクな運用だけはできませんから、ローリスク・ローリターンで元本保証のある国債を買っています。ローリターンとはいえ、運用するお金が巨額になれば、得られる利益はそれなりになります。日本が国債発行という借金を重ねるのも、借金を支える原資――私たちの預貯金が豊富にあるからなのです。

今インフレ率が２％を超えていこうとする中で、０・００２％の利子が０・２％と１００倍になったなどと喜んでいる場合ではありません。

「預金は安心」などと思っているかもしれませんが、物価が上がれば上がるほど預金は目減りしているということです。

物価高や円安の今、自分の資産を運用をしていかなければいけません。さらに、老後に備えて少しでも資産を増やしたいなら、**全資産を預貯金にしておくという選択は愚の骨頂です**。

少しだけリスクを取って、自分で何かビジネスを副業でやったり、資産運用のレベルを上げていくなど、新たな一手が必要となってきます。

「くせ強」
資産ブースト術 11

「先行きが見えないから自宅は賃貸がベスト」はまやかし

「自宅は持ち家がいいのか、賃貸がいいのか」――これは永遠のテーマといわれています。

現在、日本はどんどん人口が減っているうえに、総務省統計局の調査では空き家率が13・6％に達しています（平成30年住宅・土地統計調査）。2033年には空き家率が30％を超えるという予測もされる中で、「今、マイホームを持つのはリスクだ。賃貸のほうがいい」という声が優勢になってきているようです。

しかし、私は逆だと思っています。多くの方は「先行きが見えないから賃貸がベスト」だとお考えのようですが、私は「**先行きが見えないからこそ持ち家がベスト**」だと確信しています。

なぜ賃貸派が多数派を占めるのか考えてみると、やはり日本の未来がどうなるのかわからないのに、大きな負債（ローン）を抱えるのが怖い、一生その拠点に住まなければいけないというリスクを感じるからでしょう。転勤になったらどうするのかという声も聞きます。

それに加えて、自分の所有物は少なくていいというミニマリスト的な考えに共感が集まり、家は買わないほうがいい、賃貸がいいというトレンドが優勢のようです。しかし、果たしてそれは正解でしょうか。

持ち家を買うエリアによっては、賃貸派よりも持ち家派のほうが資産は増えるということは、後ほど実例を出して説明します。ひと言でいうと、賃貸のお金は払えば失っていくものですが、持ち家の場合、何年か経ってそこその値段で売ることができれば、払ってきたローンの金額の大半を取り戻すことができます。１０００万円で買った家を１０００万円で売ることができれば金利を除いた返済額が戻ってきたと考えればいいのです。一方、賃貸派は払った分が家計上損失となります。

今後、デフレ時代からインフレの時代に入ると予測されています。そうなれば、早い時期に借金をする（＝ローンを組む）ほうが得なのは当然です。円の価値が下がっていけば、**円での借金の負担も減っていく**ことを意味するからです。

物価が上がり、今後は金利も上昇するかもしれない。しかし、給料はさほど増えていない。そんな先行き不透明な今だからこそ、ローンを組んで家を買うことは賢い選択であり、賢い投資と言えるのです。

「くせ強」資産ブースト術 12

「マイホームを買う奴はバカ」と言うインフルエンサーを信じるな

いわゆるSNSインフルエンサーの中には、「マイホームを買う奴はバカ」とまで言う人もいます。リスクの低さだけでいえば、持ち家よりもライフステージに合わせて引っ越しできる賃貸のほうだと誰だって思うでしょう。「これからの時代、賃貸にしておいたほうがいいよ、家は買わなくていいよ」と言っておけば、家が購入できない人に安心感を与えることができるからかもしれません。

でも皆さん、よく考えてみてください。インフレ時代に突入するとすれば、住宅ローンなど大きな借金をすると、返済はどんどん楽になります。物価が上がっても、ローンの返済額は変わらないからです（変動金利の場合は、上がる可能性はあります）。一方賃貸であれば、インフレによって家賃がどんどん上がっていくので、いつまで経ってもお金はなかなか貯まっていきません。

すでに、家賃が物価に連動して少しずつ上がっているエリアが増えています。これまでの数十年間、家賃は上がりにくかったのですが、値上げしていく大家さんが増えてきたので、**賃貸派には本当に厳しい時代になりつつあるのかも知れません。**

24年当初時点ではまだ金利も低いし、これからインフレ時代に入ることが予測されているのですから、家を買う絶好のチャンスです。

しかし、自然災害や不動産の大暴落を心配してか、あるいはインフルエンサーの言うことを真に受ける人が多いからなのか、家を買える状況にありながらも、住宅購入に踏み出せていない人はたくさんいるようです。

仮に大地震や地価の暴落が起こっても、それは賃貸している人にも等しく降りかかります。持ち家の人はとりあえず住む場がありますし、最悪の場合は売却して当面をしのげるでしょうが、賃貸人は家賃が払えなくなれば追い出されるだけです。

変動金利であればまだ0%台でローンを組むことができます。金利上昇のリスクが怖い人は、少し金利が高くなりますが、35年固定金利でローンを組める「フラット35」もあります。

インフレとともに金利が上がるのではないかと心配している方もいます。なぜなら、伝統的な金融政策の考え方では、インフレになったら金利を上げることで消費を抑えて、経済を落ち着かせようとするからです。しかし、景気が過熱してのインフレではないということに加えて、日本銀行と国には金利を大きく上げられない事情があります。

金利が上がると国債の価格が下がる関係にあるので、国債を大量に買って保有している日銀では巨額の含み損が発生するし、巨額の借金を抱える政府も国債費（利払い費）の負担が高騰してしまいます。財務省によると、**金利が1%上昇すると3年後の国債費は3・7兆円も増加する**のだとか。利息だけで4兆円近くも増えるのですから、なかなか金利は上げられません。今後は金利が多少上がるにしても、マイナス金利がゼロ金利になる程度ではないでしょうか。私はそう考えています。

「くせ強」資産ブースト術 13

エリアによって買うべきか借りるべきかが異なる

賃貸より持ち家を買うべき理由を述べてきましたが、それは大都市部に限った話であることは申し上げなければなりません。資産価値を考えると、住むエリアによっては賃貸のほうが得な場合もあります。

たとえば、地方都市で仕事をしている人が、最寄り駅から数駅離れたところに、しかもその駅から車で20分の土地に新築マイホームを建てたりするのは失敗するパターンです。どうしてもその環境に住みたいなら、まずは賃貸物件を探して住んでみるのがいいでしょう。不都合、不具合が出てきても、取り返しがつきます。

こうした例は「はじめに」で触れた、ロバート・キヨサキさんが言うところの「自宅が負債」の典型です。

日本では、不動産を買った瞬間に価値が下がってしまうことがよくあります。たとえば、3500万円で土地付きの一軒家を購入したとして、引き渡された翌日に売りに出したら、2500万円の値段しか付かないこともあり得ます。

その理由は、業者やデベロッパーの利益が乗せられて、本当は資産価値が低いものを高く買わされたということが一つ、そしてもう一つは、不便な立地条件の家に対する需要が少ないからです。

つまり、3500万円のローンを組んで買ったのに、2500万円にしかならなければ1000万円の借金が残ってしまうので売れない――これが、自宅は負債だといわれる理由です。そして、これをもって「マイホームをは買うな」「リスクだから絶対やめよう」という結論に導かれるのですが、**エリア選定が重要なことは事実**です。

もしも最寄り駅から車で20~30分かかるようなところに住むなら、賃貸にしたほうがリスクを抑えられるのは間違いありません。資産のことを考えると、なるべく安い賃料の物件に住み、毎月できる限り貯金することを目指すという節約モードのほうがいいでしょう。

「くせ強」資産ブースト術 14

全国主要都市の住人はすぐに家を買いなさい！

私は、首都圏であれば、東京23区内、神奈川県横浜市、川崎市、埼玉県さいたま市、川口市、千葉県船橋市、松戸市などで、最寄り駅から徒歩10分以内の物件ならば、買ってもまず失敗はないと考えています。

それはなぜか。日本人が減っていく未来においても、その辺りは資産価値が残り続けるエリアだと確信しているのがその最大の理由です。

実際、この十数年、そのエリアでは資産価値が下がるどころかずっと上がり続けています。逆に、今後下がっていくリスクは想定しておいたほうがいいと思いますが、このエリアが下がるときはその他の地域は暴落していることでしょう。

世界中がコロナ禍の不況から回復し、日本でも多くの外国人観光客の姿を見るようになってきました。外国人が来ることによって潤うエリアや、外国人が住宅を買って住む可能性の高いエリアでは、それに関連した雇用が生まれていきますから、実需がなくなる可能性は低いと考えられます。

同様の理由で、一都三県ばかりではなく、**大阪や名古屋、福岡、札幌、仙台、広島などの主要都市周辺で駅から徒歩10分以内の物件、特にファミリー区分マンション**を購入できれば、失敗の可能性はかなり低いと思います。

東京の23区の場合、あまり注目されない、板橋区や練馬区でも駅から徒歩10分以内であれば非常に底堅く、価値が暴落しているところなどはありません。台東区や足立区もいい値で取引されています。

23区外でも、吉祥寺界隈の武蔵野市、三鷹市などの人気は盤石です。むしろ価格が高すぎて、買うのは難しいくらいです。また立川エリアは狙い目で、何の心配なく買って大丈夫でしょう。

地方の大都市圏も同様です。たとえば、名古屋であれば名古屋駅から電車で15分くらいまでのエリアであれば、問題ないでしょう。やがて名古屋にはリニア中央新幹線が通るので、今のうちに、名古屋エリアでマイホームや収益アパートを購入するのは選択肢に入れていいと思います。

また、私の会社に大分県大分市に実家のある社員がいますが、彼の両親が住む大分駅から徒歩15分エリアは、築40年のマンションでも2000～3000万円の値段が付いているそうです。社員の両親は住宅ローンを完済しているそうです。いつでも2000万円くらいで売れるような価値が残っているわけですから安心です。

地方でも県庁所在地のターミナル駅から徒歩15分のエリアあれば総じて資産価値が高いといえます。

「くせ強」資産ブースト術 15

「住宅ローン控除」は持ち家派の特権

不動産価格が年々上昇している近年においては、家を買うか賃貸にするかで、5年、10年で**実質的な資産に大きな差が生まれる状況**となっています。

この章の最後に、自宅を購入したことで資産を増やした事例を二つ掲載しますので、浅はかな言説に惑わされることなく、家を買える方は買ったほうがいいでしょう。もちろん、エリアによっては交通の便など、よく物件を吟味する必要はありますが、一定の収入があるサラリーマンであれば持ち家を買わない理由が見当たりません。賃貸のままではインフレで家賃が高騰し、生活が苦しくなっていく未来が予想できるので、会社員であることの「信用」を利用してローンを組んで住まいを購入するべきです。仮に近い将来、転職や脱サラを考えているなら、社会的信用があるうちに購入しておくことをおすすめします。

また、持ち家を購入する大きなメリットとして「住宅ローン控除」という制度も見逃せません。住宅ローン控除とは、住宅ローンを借り入れて住宅の新築・取得、または増改築などをした場合、**年末のローン残高の0・7％を所得税（一部、翌年の住民税）から最大13年間控除される制度**です。

３０００万円のローン残債に対しては21万円、２０００万円の残債に対して14万円が還付されるという、賃貸には絶対にない魅力的な制度といえます。

たとえば、３５００万円の新築一軒家を頭金５００万円で買い、年に１００万円ずつローンを返済するとしましょう。単純化して計算すると、１年目は２９００万円に対して20・３万円、２年目は２８００万円に対して19・６万円、３年目は２７００万円に対して18・９万円が戻ってきますから、年間返済額が実質２割ほど安くなることを意味します。一見、０・７％は小さい数字に思えるかもしれませんが、そうではないのです。ローン残債が減っていく分、還付額は減っていくものの、13年間も税金が還付されるのは持ち家派の特権ともいえるでしょう。

住宅ローン控除の適用を受けるためには、いくつかの条件があります。主な要件として、床面積が50平方メートル以上であること、合計所得金額が2000万円以下であること、ローンの返済期間が10年以上であること、そして中古物件の場合は1982年1月1日以後に建築されたものであることなどが挙げられます。

また、住宅の環境性能などに違いによって対象となるローン残債が変わります。新築住宅・買取再販住宅（不動産会社がリフォーム・リノベーションをした中古物件）の場合、**①認定長期優良住宅・認定低炭素住宅は4500万円まで、②ZEH水準省エネ住宅（断熱等性能等級5以上など）は3500万円まで、③省エネ基準適合住宅（断熱等性能等級4以上など）は3000万円**となっています。①②③の省エネ基準を満たさない住宅は、住宅ローン控除を受けることができません。

中古物件の場合、控除率は新築などと同様の0・7％ですが、控除期間が10年と短くなります。①②③に該当していれば3000万円まで、していなければ2000万円までが住宅ローン減税の対象となります。

「くせ強」資産ブースト術 16

転勤は不動産投資をスタートさせる大きなチャンス

賃貸派の人はよく「家を買ってから転勤になったらどうするんですか？」などとサラリーマンの不安を突いて、リスクを強調します。

しかし、**実は転勤は超チャンスです！** たとえば、私が新宿区内のマンションに住んでいるサラリーマンだとして、ある日突然、広島県に転勤の辞令が出たとします。

持ち家のローンを支払っている途中の場合、ローンを組んでいる金融機関に「転勤になったので、賃貸に出していいですか？」と相談すると、99％ＯＫが出ます。

そうすると、マイホームを人に貸すことで、入居者からの家賃で自分のローンを返していく「不動産投資」が始まるわけです。

そもそも、現在の住宅ローンの調達金利を考えてください。変動金利であれば1％を切っている状況です。転勤とは、超低金利で資金調達した区分マンション投資ができるチャンスが転がり込んできたことを意味するのです。

持ち家があるのなら、転勤の辞令が出たならむしろガッツポーズものです。転勤を恐れてマイホームを買わないというのは誤りで、**逆に転勤の可能性があるのであれば、家を買っておくべきなのです**。

都心のエリアであれば価値が下がるどころか上がっているのが現状。それならば、「転勤もいいな」「早く人に貸したいな」というような気持ちになっていくと思います。

一つ注意点を挙げると、賃貸に出したあとの物件を売却するときにかかる税金です。自宅を売却したときには「3000万円特別控除」という制度があり、売却益から最高3000万円までは非課税になるという制度があります。つまり、ほとんどの場合は税金を払わずに済むわけです。しかし、一度でも賃貸に出した物件を売却すると、譲渡税がかかってしまうので留意する必要があります。

「くせ強」資産ブースト術 17

実例その①

自宅を購入して3000万円資産を増やしたOさんの事例

賃貸と比較するために、実際に家を買った人の例を見てみましょう。

東京・江東区に、東京駅から京葉線で7分ほどの潮見という駅があります。8年前にその駅から徒歩2分にある、70平米・3LDKのマンションを3280万円で買った友人がいます。仮にOさんとしておきましょう。

ほぼ同じような条件、潮見駅から徒歩2分で70平米のマンションの賃貸相場を調べたら、家賃は12～15万円であることがわかりました。

そこで、8年前に3280万円でOさんが買ったのと同時に、賃貸で12万円の部屋に住んだ人を比較してみます。

賃貸で住んだ人は、1年で144万円の家賃がかかります。これを8年間払っていくと、**合計1152万円ものお金が出ていくことになります。**実際には入居時に礼金や、2年に1回更新料がかかっているはずです。

一方で、Oさんは頭金なしで3280万円の住宅ローンを組みました。変動金利0・6％ほどで35年（420カ月）ローンを組めたので、月々8・6万円返済しています。それに加えて、管理費と修繕積立金が1・5万円ほどかかるので、毎月10万円ぐらいの支払いがありました。

これを8年間払っているので、年間約120万円×8年分で、約960万円を払っています。8年間同じような家に住んでいて、**賃貸では約1152万円、持ち家では960万円。**持ち家のほうが200万円近く安く済んでいますが、これでは「賃貸よりも持ち家のほうがいい」と威張れるほどの違いはありません。

しかし、驚くのはここからです。2024年、この潮見で同条件のマンションが、一番高い物件なら約7000万円で売りに出ているのです。つまり、8年前に3280万円で買ったマンションが、7000万円で売れるかもしれないのです。

7000万円はさすがに高すぎるかもしれませんが、私の相場観では、5980万円であれば売りに出した瞬間に売れるはずです。

では、Oさんの残債はいくらになっているでしょうか。8年間で0・6％の金利を含め約2450万円まで減っているので、もし5980万円で売れれば、残債を全額返済しても約3530万円残ります。ただし、これまで修繕積立金や管理費を含め約960万円を支払ってきたので、差し引き約2570万円の黒字です。つまり、**960万円貯金したら、8年後に2570万円の利息が付いてきた**のと同じともいえるのです。

不動産投資を貯金として考えるのであれば、購入した物件の価格は上がらなくてもかまいません。仮に8年後も3280万円のままで売却できれば、返済してきたお金は全部戻ってくるので、貯金と同じようなものです。ということは、この時点で賃貸派とは1000万円以上の資産の差がついていることになります。

8年間の家賃で約1200万円ロスしてしまった人と、8年間住んで約5980万円のバリューが付いている物件を持っているOさんの含み益を比べたら、資産額に約

4000万円差がついたことになります。

現在賃貸にお住まいの人はもちろん、持ち家の人も、住む場所を変えてでも資産価値が下がりにくいエリアに住宅ローンを組んで買ったほうが得なのです。

利便性の高いエリアであれば、不動産の価値が多少下がったとしても、賃貸よりもお得です。Oさんの3280万円の物件が、8年後300万円安くなって2980万円に落ちていたとしても、家賃で1200万円失うよりはだいぶお得です。

それこそ老後の2000万円問題や私が不安を感じた4000万円問題は、マイホームの買い方一つで解消できるかもしれないぐらい、**自宅投資には資産をブーストさせる爆発力があるのです。**

「くせ強」資産ブースト術 18

実例その②

自宅を購入して1500万円の売却利益が出た私の事例

私は、2018年にNTT都市開発の「ウエリス」というシリーズのマンションを購入しました。東京の新宿区内に7500万円で買った物件でしたが、2年後に売ることになりました。子どもが1人増えて3LDKだと手狭になってしまったので、売ることにしたのです。

コロナ・ショックで、さすがに不動産価格も下がるのではないかという懸念もあったのですが、実際には価格は下がりませんでした。結局、2018年に新築で7500万円で買った新築3LDKのマンションを、2020年の秋、9000万円で売却できたのです。

これが不動産の強さなのですが、好立地不動産には、「〇〇ショック」が来ても影響が出ない特徴があります。

先に挙げた地方都市の例では、人里離れた田舎のマイホームだと３５００万円で買った家が翌日には２５００万円になることが起こり得ますが、都心ではそうなりません。私の場合、山手線の内側の新宿区のファミリー区分マンションをフルローンで購入し、**２年間住んで売ったら１５００万円も値上がりしていた**のです。

ローン残債は７２００万円ぐらいまで減っていたので、残債を返してもお金が残りました。厳密に言うと、仲介手数料や印紙代などを差し引いても、約１６００万円のお金が残ったのです。

では、このお金にどれくらい税金がかかるのか。先述のとおり自宅の場合は売却利益が３０００万円までは非課税なので、価格が上がった分の差額は利益として総取りすることができます。投資物件は別ですが、自宅の場合は皆さんが嫌いな税金が発生しないので、まるまる売却益が残るというメリットがあります。

私のケースは、7500万円というやや高めのマンションだったので、「自分には参考にならない」と思う方もいるかもしれませんが、3000万円の物件でも同じことです。

大都市圏であれば資産価値が下がらない物件はたくさん存在しています。そうした物件を購入しておくと、上がれば大成功だし、上がらなくても暴落するようなリスクは低いのです。

仮に3500万円で買った家が10年後に3200万円ぐらいに下がったとしても、借金の残債はずっと減っていて、売れば払ったお金のほとんどは戻ってきます。10年間、同じエリアで賃貸で家賃を払ってきた人と比べたら、Oさんのように、賃貸派より1000万円以上資産に差をつけることができるのです。

第3章

少子高齢化でも「不動産投資」は資産ブーストの武器

「くせ強」資産ブースト術 19

少子高齢化が進んでも賃貸需要が減らない理由

「少子高齢化で人口が減っている日本で不動産投資を行うなんてリスクが高い」と、多くの人が考えています。

人口が減少していくことは覆らないと思います。それでも私は不動産投資をやるべきだと考えています。順を追ってその理由を説明しましょう。

まず、少子化の影響を受けるのは賃貸経営だけなのかというと、そうではありません。飲食業界も自動車メーカーも金融機関も、あらゆる業種において人口減の影響を受けることに変わりはありません。

極論ですが、ラーメン屋さんを経営するのも不動産投資をやるのも、少子化のリスクは同じだと私は考えています。

不動産投資は人が「住む」ことで成り立つものですから、人口が減れば住居の需要も減るというイメージが強いと思います。しかし、私は「ラーメンを食べる人も減るし、車に乗る人も減る」と考えるので、結局のところ、どの業界でも受ける影響は変わらないと思っているのです。

重要なのは、入居者に選ばれる物件に投資できるかどうかということ。ラーメン屋でいえば、行列のできるお店と2カ月でつぶれるお店があるように、**不動産投資に関しては物件やエリアの選定がミソとなります**。そこをきちんと見極めれば、長い期間、安定した資産運用が可能だと考えています。

私は不動産投資を始めてから、「不動産投資ほど安定した資産運用は他にない」と痛切に感じています。ただし、少子化に対応できる不動産投資を考えた場合、やはり一番重要なのがエリア選びとなります。

マイホームを買うときとほぼ同じ考えですが、目指したいのは一都三県の東京、埼玉、千葉、神奈川で、それに続くのが大阪、神戸、名古屋、福岡などの大都市圏ということになります。現在1億2434万人の日本の人口ですが、35~36年後の2060年には9000万人を割り込むと推計されています。それでも人口流入が続き将来的に過疎化のペースが遅いと見なされるエリアであれば、当然、賃貸需要は強いと推定されます。

一方で、過疎化するエリアでは、インフラを含めて行政サービスも行き届かなくなることから、今挙げたような主要都市周辺に人は集まってくることでしょう。少なくとも、私たちの世代が生きている間に全国主要都市で賃貸需要がなくなることは想定しづらい状況です。

そのような事態になるまでにはまだ十分な時間が残されているのですから、少子化を恐れずに不動産投資はやっていくべきだと思います。

また、住宅需要という視点で考えると、インバウンドの需要も忘れてはなりません。

住宅を必要としているのは日本人だけではないのです。

たとえば、私は群馬県内に24戸の物件を所有していますが、約90%は外国人が入居しています。群馬県には自動車メーカーの工場が多く、そうしたところにブラジルやベトナム、フィリピン、インドネシアなどから来日して働いている人々も多く、外国人の賃貸需要が絶えることがありません。

彼らが来日して働く場合、必ず住む場所は必要になるのです。しかし、ほとんどの方は住宅を購入することはありません。買いたくても、住宅ローンを組むことが困難という事情などもあるでしょう。そのため、**賃貸物件に入居せざるを得ない**わけです。

現在は円安でもあり、群馬県などの外国人労働者が集まるエリアだけではなく、一都三県、名古屋、大阪などにも留学生など外国人の賃貸ニーズが根強くあります。

こうしたことから、「少子化＝不動産投資は危ない」という状況にはないことがご理解いただけると思います。

「くせ強」資産ブースト術 20

地震大国の日本だが、必要以上に恐れる必要はない

少子高齢化で人口が減っているだけではなく、地震大国でもある日本。「地震が怖いから不動産投資は危険」という考えから抜け出せない方も多くいます。

しかし、2011年の東日本大震災の発生後、被害を受けたエリアで賃貸経営が破綻したかというと、私の知る限りでは皆無に近いものでした。

関東地方でも相当揺れましたが、建物が完全に崩壊してしまうということはなかったはずです。揺れによってクラック（ひび）が生じたり、壁材の一部がはがれ落ちて下地が見えてしまったりということは確かにありましたが、これに対しては地震保険

が適用されました。不動産投資を行うときには、火災保険と地震保険への加入はマストなので、修繕費はリカバリーできるようになっています（全額補償される場合とそうではない場合があります）。

また、１９８１年６月に耐震基準が厳正化され、震度６強〜７程度の揺れでも家屋が倒壊・崩壊しないことが基準となっています（新耐震基準）。それ以降に竣工している物件はすべて新耐震基準で建てられているので、東日本大震災クラスの地震が来ても、建物が全壊してしまって、すべてを失ってしまうということは考えにくいのです。

強いて言えば、海に近い埋め立て地では液状化のリスクがないとはいえません。東日本大震災では、埋め立て地の浦安で液状化による被害が出たのは事実ですから、立地選定の時点でそうしたところを避ければいいだけです。

ただ、今や致命的なリスクとは思われていないことから、**湾岸エリアでも賃貸相場は上昇しています。**

もちろん、リスクはゼロではないので、補償内容のいい地震保険や火災保険に入っておく必要はあります。いったん事が起これば保険申請して、保険金でリカバリーできるような施策を打っておけばいいのです。

結局のところ、「人口減の日本で投資しないほうがいい」「地震が怖い」とか、「今は値上がりして高い」などと買わない理由を並べるのは簡単です。買わない理由を探して決断を避ける人がいる一方、その裏で買う決断をした人たちが資産を増やしている現実があります。

そういう決断をした人たちは入居者が払ってくれる家賃で借金を返しつつ利益を上げて、どんどん資産を増やしているのです。

決断した人が**時間を味方につけて資産を増やしているという現実**を目の当たりにすれば、決断してこなかった人には「やらない理由を探すことから脱却せよ」と申しあげておきたいところです。

「くせ強」資産ブースト術 21

要注意！新築ワンルーム投資の落とし穴

不動産投資自体は、とてもいい投資です。しかし、新築ワンルームマンションへの投資には落とし穴があるので、私はおすすめしません。

新築のアパートやマンションを建築して経営していくこととは異なり、マンションデベロッパーが建てたワンルームマンションを1部屋ずつ区分で買っていく投資には、うま味がありません。その理由は、単純に高値摑みさせられてしまうからです。

2024年現在、東京の新築ワンルームで2500〜3500万円の物件に投資しようとすると、利回りは3・8〜4％が中心となっています。こうした物件の場合、年収500万円以上の人であれば融資が出ます。自己資金が10万円くらいあれば、それを諸経費に使いほぼフルローンを組んで買うことができるので、普段「不動産はリスクがある」と怖がっている人たちも、ろくに勉強もせずにこうしたワンルームマンション投資に飛びついているのです。

その理由の一つは、「不動産オーナーになる」ことへの憧れがあるようです。私のような「不動産投資で安定収入が生まれた」という成功談を表面的に受け取り、物件やお金の流れをあまり吟味せず、デベロッパーの営業マンの言うことを鵜呑《うの》みにして痛い目に遭っている人が多いのです。

営業マンの殺し文句に「**保険の代わりになりますよ**」という言葉があります。これはマイホームを買うときと一緒で、「団体信用保険」(団信)という保険に入るのが一般的だからです。団信は、住宅ローン返済中に契約者が死亡するか高度障害状態に該当した場合などに住宅ローン残高がゼロになる保険です。残された家族はローンの支払いから解放されることを意味します。

近年では、契約者がケガや病気が原因で働けなくなる事態にも備えられるように、がんや脳卒中、急性心筋梗塞の三大疾病に罹患した場合や、人工透析を受けたり、要介護状態の認定を受けた場合などに保障される特約が増えてきました。

こうしたこともあり、何かあったときは借金が免除されるので、生命保険のような感覚で新築ワンルーム投資を始めてみませんか？　というわけです。

もう一つのキーワードが「**節税**」です。不動産投資を行うことで、所得税や住民税の還付を受けられることもあるからです。

設備や物件に投資した金額を耐用年数で割って、減価償却費として経費に計上することで課税対象額が減り、結果として節税に繋がることがあります。

確定申告でこれらを経費として計上すると、年収500万円の人で年に10万円前後、年収1000万円を超える人だと年に20〜30万円程度の所得税が還付される可能性があるので、多くの人がワンルームマンション投資に手を出しているのです。

しかし、これは〝まやかし〟といっても過言ではないでしょう。そもそも、東京23区内に3000万円、3500万円の新築ワンルームを買う時点で、高値掴みさせられていると思わなければいけません。詳しい計算式は省略しますが、収支で考えると、銀行への月々の返済額や諸経費、固定資産税を考えれば、家賃（たとえば台東区であれば約10万円）よりも支出が上回ることは明白です。おそらく、毎月2～3万円の持ち出しが必要となり、マイナス収支になることがほとんどです。

しかし、「団信がありますから、毎月2～3万円で生命保険に入っていると思ってください。しかも、確定申告で何十万円か戻ってきて節税できます。だからそんなに持ち出しはないですよ」と営業マンは説明しているはずです。そして、何かよくわからないまま高い値段で摑まされているというわけです。

しかし、保険だ節税だといったところで、**毎月の収支がマイナスということは、大事な資産を減らしているということに他なりません。**

投資で赤字を出すことが「節税になります」なんて、どれだけ悪い冗談なのかと思ってしまいますが、「保険代わり」「節税」という営業トークで、区分マンションを新築で買って落とし穴にハマってしまう例が後を絶ちません。

「くせ強」資産ブースト術 22

自分の首を絞めるサブリース物件には絶対に手を出すな

いざ不動産投資を始めようと思っても、「入居者が入って、ちゃんと家賃を払ってくれるかどうか」「入居者とトラブルになったらどうしよう」という不安はつきまといます。

その不安を解消してくれそうな契約として、不動産管理会社が空室保証を行い、管理業務まで行ってくれる「サブリース」があります。サブリース契約は、不動産管理会社が不動産を購入したオーナーから物件を借り上げし、それを入居者に転貸（又貸し）するという管理形態です。

つまり、「サブリース契約してくれたら、空室でもあなたに家賃を払いますよ」というこなのですが、そんなおいしい話がどうして成立するのか、その仕組みを見ていきましょう。

たとえば、相場では月10万円の家賃が取れる物件を、管理会社は8万円前後でサブリースする約束をします。すると、**空室でも必ず毎月8万円前後の家賃がオーナーに支払われます**。相場より低い金額ですが、空室リスクを負わずに済むのですから、これでよしとするオーナーも多いことでしょう。

ただし、毎月もらえる8万円前後から、オーナーは銀行のローンや諸経費、固定資産税を払うので、毎月2~3万円のマイナスが発生することがほとんどです。そして、ここで節税だとか保険代わりだとか、空室でも家賃がもらえるというレトリックが使われます。

不思議なことに、決まった額しか赤字が出ないということに皆さん安心するのか、買ってしまう方が後を絶たないようです。

不動産投資において、こうしたサブリース契約をしてしまうとアウトです。ただ単に損をするだけにとどまらず、高値掴みされたことを原因に「信用毀損《きそん》」がすぐに起こってしまうからです。

これは、金融機関からは買った物件の資産価値よりも、借りている借金のほうが大きい——つまり債務超過と見られて、信用が落ちてしまうことをいいます。

そうなると、住宅ローンで家を買いたいとか、一棟アパート投資をしたいと考えたときに、銀行からの信用がないので、ローンを組めなくなってしまうことでしょう。赤字を出す物件にただただ資金が吸い取られていくだけになり、人生プランが大幅に狂ってしまいます。

新築ワンルームが担保代わりになるなんて思っていたら大間違い。まったくの逆で、物件の担保評価をはるかに上回る借金を組まされていると見なされて、信用をなくしてしまうのです。

なぜそうなるのか。それは不動産会社が利益をたくさん乗せて売っているので、実際の評価額よりもずいぶん高く買わされているからです。そして管理会社が過大な利益を取っているからです。

空室のリスクを管理会社が取っても経営が成り立つのは、それだけ多くの利ざやを本来の家賃から抜いているからにほかなりません。また更新料や礼金などもオーナーに支払うことは、まずありません。

ですから、私はサブリース付き新築ワンルームマンションへの投資だけは絶対に手を出さないようにお伝えしています。

「ならば、サブリースを解約してしまえばいいではないか」と思われた方もいるかもしれませんね。これがなかなかできないのが、落とし穴たるゆえんです。

もちろん、解約できる場合もあるのですが、**違約金を請求されるケースが大半です。**サブリースの解約で請求される違約金の相場は、家賃収入の6カ月分ともいわれています。また、入居者が拒否したり、3カ月前通知義務があったり、かなり面倒なルールの縛りがあるので、そこがネックになってサブリースを外せないケースが多いのです。

サブリースといえば、数年前に大きな問題となった女性専用シェアハウス「かぼちゃの馬車」事件を思い出す方もいるでしょう。不動産会社のスマートデイズが「頭金なしの投資で30年間の家賃収入を保証」をうたい文句に投資家にシェアハウスを建築させてサブリース契約を膨らませていき、その後に経営破綻したというものです。**オーナーへのサブリース賃料（家賃収入）は途絶えても、物件のローンは残ったまま**。そもそも資産価値が低い物件を法外な高値で掴まされていたことから、売ろうにも売れず、多くの投資家が返済に苦しみました。

素人の投資家に対して不動産会社と銀行がグルになって不正な融資審査を行い、億単位の融資を行ったのですから、悪いのは不動産会社と銀行ですが、投資家自身にも投資の安全性や将来性を見極める力をつけるための最低限の勉強が必要だったと思います。

一方、中古のワンルームであれば収支が合う物件、毎月のキャッシュフローがプラスになるような物件に出合う場合もあります。自己資金や年収が不足して一棟投資ができない人は、中古の区分マンションを安く買うという手法はありです。

「くせ強」資産ブースト術 23

全部自分でやろうとしてはダメ！ 管理は外注と割り切る

入居者募集や集金、契約更新、家賃滞納者への対応、入居者からのクレーム対応、建物メンテナンス、物件周囲の定期的な清掃、雑草取り……これらをサラリーマンオーナーが対応するのは至難の業です。

サブリース契約でなければ、自分が所有している不動産の管理業務はどうしたらいいのでしょうか。

実は、全国には賃貸管理会社があって、**家賃収入の3～5%ほどを払えばすべての管理業務を代行してくれる**ようになっています。

具体的には、冒頭に挙げた業務の他、トイレが詰まったとか、エアコンの室外機が壊れたなどのクレームトラブルの窓口となってくれます。

中古物件の場合、通常は前のオーナーが使っていた管理会社を継承します。ただし、その業者がいい加減な場合もあります。私の場合、それが嫌で、しっかりやってくれる管理会社に替えたこともありました。

アパートを一棟買いしている場合、月に100万円の家賃収入があるとしたら、管理会社が入居者から100万円を集めて、5万円ほどを手数料として引いたうえで、オーナーに残りの95万円を振り込むというスタイルになっています。

家賃収入の5%ほどで済むなら安いもので、不動産投資の場合、そうしたアウトソーシングできるインフラの仕組みがすべてそろっています。不動産管理業務を丸投げできるからこそ、サラリーマンや本業が忙しいオーナーが副業として不動産経営ができるようになっているのです。

そうした仕組みが仕上がっているので、多くの人に不動産投資を始めていただきたいのです。

中には、その5%がもったいないと思って、自分で物件の電球を替えたり清掃したりする人もいらっしゃいますが、そこは考え方を変えていってほしいと思います。

詳しくは第5章で説明しますが、経費がもったいないから自分で管理業務を行うというのは「自営業者」の考え方です。より利益を上げたければ「**ビジネスオーナー**」か「**投資家**」**の考え方にシフト**していかなければいけないでしょう。一つの物件ならまだしも、5件、10件と増えていくと、すべて一人で見ることは物理的にも無理になっていきます。

収益の5％を払うだけで、自分のリソース（資金や時間など）がどれだけ節約できるか考えてみてください。自分の時間や労働力を割いて、家賃集金や定期清掃などを自分でやるのと、それを人に5％でお任せして次の物件を探したり、別のビジネスに取りかかる時間を作るのとでは、大きな差が生まれてきます。そういう意味でも、物件の自主管理はおすすめしません。

そこは副業として割り切り、**5％は必要経費と考えて、時間を使わない仕組みにお任せするのが一番です**。その5％をケチれば自分の時間が奪われてしまい、結局、自分の時給が下がってしまうことになります。

こうしたことに気づいている皆さんは、管理会社にアウトソーシングしています。

全国どこでも賃貸経営をお任せできる仕組みは整っているので、これを使わない手はありません。

また、入居者が何かトラブルを起こした場合も、管理会社が間に入ってトラブルもフォローしてくれるので、オーナーに直接クレームが来るということはほとんどありません。

家賃の集金や督促《とくそく》はすべて管理会社に代行してもらいますが、家賃をいくらにするのかはオーナーが決めることです。物件の築年数や間取り、設備、立地、利便性、そして周辺の家賃相場などを勘案して総合的に決定していきます。

なお、区分マンションのオーナーであれば、入居者から支払われる家賃から、金融機関にローンを返済していく他に、管理費や修繕積立費をマンションの管理組合に支払っていかなくてはいけません。

マンションを一棟買いした場合は管理組合が存在せず、オーナーがマンション運営の意思決定を行っていきます。ただ、老朽化や入居者のマナーの悪さを放置しているとマンションの資産価値が下がるばかりなので、やはり管理会社に任せたほうが安心です。

「くせ強」資産ブースト術 24

富裕層の多くは大家業をやっている

不動産投資は、皆さんが想像するよりも安定しており、他の投資案件に比べて本当に失敗が少ないのが特徴となっています。

株式などのペーパーアセットと異なり、不動産というハードアセットは、大きな価格変動がなく、資産の安定運用を目指す富裕層に人気があるのです。

7～8年前の話ですが、私の知人が、大阪の梅田の近くの高級タワマンに賃貸で部屋を借りて住んでいました。1、2階が店舗で、3階から上が住居という30階建てのマンションで、家賃は月に50～60万円と聞いていました。賃貸ではありましたが、自慢のマイホームということで、そこに私が招待されたわけです。

あとから聞いた話ですが、その物件のオーナーは、日本では誰もが知っているロックユニットの方でした。その部屋の、という意味ではありません。**そのビル一棟を持っていたのです。**

歌手や俳優、お笑い芸人、スポーツ選手などの有名人たちも、実はかなりの規模で不動産投資を行っているものです。若くして財を成した彼らには、築いた資産を安定して運用できる不動産投資が魅力的なのでしょう。

また、大手の出版社や新聞社なども、本業のビジネスが売上のメインかと思いきや、実際は不動産業が支えているのが実情だったりします。

「くせ強」資産ブースト術 25

人口1億人未満時代の日本における不動産投資戦略

前章ですでに述べているように、不動産投資の成功の鍵は「エリアの選定がすべて」といっても過言ではありません。

一都三県、大阪・神戸エリアの中心部、名古屋エリア、そして福岡や札幌など、人口の多い都市がまずターゲットに入りますが、さらにインバウンドの需要が期待できるエリアだと最高です。

すでに首都圏の千葉、埼玉、神奈川の三県でも東京寄りのエリアには外国人がたくさん住んでいます。

前章の最後に挙げた東京都江東区の潮見エリアは、とりわけ有名なわけではないですが、東京駅から電車で10分、東京ディズニーランドからも15分という好立地で、ホテルも建っており、外国からの客も増加するだろうという期待値がすごく高いところです。

大阪であれば、カジノを含むIR（統合型リゾート施設）の整備計画が国から認可が下りて、2030年秋頃の開業を目指しているので、開発が進む夢洲《ゆめしま》に近いエリアが狙い目かもしれません。

また、不動産価格を動かすトピックスとしてはリニア中央新幹線の開通が挙げられます。当初予定していた2027年の開業は見送られましたが、近い将来、品川－名古屋間が最短で40分で結ばれる予定となっています。

東京から40分ほどで名古屋に行けるようになるのですから、**名古屋エリアの不動産は東京、大阪に次いで期待値が高い**といえます。

リニア関連でいえば、東京からのアクセスがあまりよくなかった岐阜県（中津川市）に新駅が設置される予定になっているので、その辺りに注目するのもいいのではないでしょうか。

ＩＲやリニア開通など、開発が進むことが決定しているのですから、そうした事実をもとにエリアを選定していけば資産をブーストさせることが可能となります。

また、人口が減少し、ＩＴ技術では海外に後れを取り、家電や自動車などの産業が斜陽化することが見えている日本においては、観光を日本の基幹産業にするしかないとも言えます。

「観光立国」という視点で伸びると思われているのが沖縄です。沖縄には仕事のニーズがあるので、アパート、マンションがたくさん建設されています。そうなると、建築関係の職人や飲食店で働く人たちが住む場所がさらに必要になると考えて物件を仕込むというのもありです。

日本の人口が1億人を切ったとしても、変わらず日本人の一定数は生活し続けるし、何より外国人観光客のみならず、労働者が増えることが予測されます。来日した外国人が住む需要があるところは経済が回り、雇用が生まれることから、前述のようにそこで働く人、住む人が増えていくという視点で投資先を選ぶことが大切です。

「くせ強」資産ブースト術 26

取れるリスクは取る。ただし、無謀な投資をしないために正しく怖がれ！

私は2012年3月に初めて新築アパートを約5000万円で建てました。全6戸で1Kにロフトが付いている部屋を月に6万円後半から7万円前半で貸し出していますが、駅徒歩2分ということもあって、ずっと満室状態の優等生物件です。

私自身、初めての一棟買いということもあり、最初はとても不安でした。5000万円の借金をするのは超怖かったし、しかも毎月二十数万円のローン返済があるのもすごく怖いと思ったのは事実です。

そのときは、最悪のケースを想定してもしばらくはやっていけると確信できたことで、恐怖を軽減することができました。

もし、6部屋すべての入居がゼロであれば、毎月二十数万円を自分の給料から返していかなければいけません。

当時、会社員としてもらっていた月給の手取りが約25万円。その他に区分マンションを3部屋所有しており、これからの家賃収入が約10万円ありましたから、合計して35万円ほどの手取り収入がある状態でした。

それを踏まえれば、入居ゼロが3カ月ぐらい続いたとしても、何とかローンを払えないことはないな、それに入居ゼロがずっと続くことはないだろうと、怖いながらにも考えたのです。

そして、3カ月ぐらい入居がゼロならば、**家賃を3000円下げれば、何とか埋まるだろうと思いました**。もちろん、駅徒歩2分の好立地ですから勝算があることも勉強していたし、いけると思ってはいました。

結局、フタを開けたら1カ月半で満室に。私の心配は取り越し苦労だったわけです。

「**心配事の9割は起こらない**」などとよく言いますが、今振り返ると心配しすぎ、何をあんなにビビっていたのかなと思うくらいです。

けれど、「最初」は誰でもそういうものなのかもしれません。知らないことは怖くて当然だし、そもそも私は根本的には臆病なので、ついつい心配しすぎた面がありました。「乗り越えられるリスクかどうか」についてはとても考えたし、新しい事業を始めるにあたっても、今でもそれを考えるのは変わりません。

年収500万円前後の人間が数千万円も投資すると考えると、それはそれは怖くなると思います。しかし、仮に「1円も回収できなかったら死ぬのか？」と考えてみて、「いや、死ぬことはないな」と思えるならば、チャレンジしてみるべきです。

もちろん、やるからにはきちんと勉強したうえで、勝てる見込みがあって初めてワクワクできるというもの。イチかバチでドキドキするのではギャンブルと変わらなくなってしまいます。無謀でリスクの高い投資を行わないためにも、**「正しく怖がる」ことは必要だと思います。**

数十万円で物販を始めるリスクなのか、数千万円でアパートを買うリスクなのか、数億円でマンションを新築をするリスクなのか……それぞれのステージによって取るリスクが違うだけで、「取れるリスクだったら取る」というマインドセットがあるかどうかです。

そういう意味でも不動産投資は自分のマインドを成長させるいい投資法です。

辞書を引くと、「成功」の反対は「失敗」と書いてあります。国語としてはその通りなのでしょうが、人生においてはそうではありません。**成功の反対は**「**行動しないこと**」です。

もし何か行動を起こして失敗すると、誰でもつらい思いをするのは当然です。それが嫌で行動を止めてしまうことこそ失敗だと私は考えています。行動が止まるのですから、成功しようがありません。

失敗もある程度は想定し、自分が取れるリスクしか取らないことを鉄則とすると、将来への道は開けます。

「くせ強」資産ブースト術 27

実例その③

8年前に新築した小岩のアパートが生み出した驚くべき収益

私がコンサルティングをして、千葉県の習志野と勝田台にアパートを新築した知人がいます。私がその方の物件をＹｏｕＴｕｂｅで紹介しようと撮影させてもらったことがありました。

習志野の物件は12世帯が入るアパートで、購入時からずっと満室です。購入から3年くらいして、初めて空室が出たのですが、ものの1週間で次の入居者から申し込みが入りました。私はちょうどその様子や物件の外観などを取材して、ＹｏｕＴｕｂｅにアップさせてもらったのです。

その収録が終わったあとに「いい物件ですね」と私がつぶやいたら、その方が言った言葉が印象的でした。

「**いや〜、ただサインしただけなんだけど**」

つまり、物件の売買契約と、銀行の金消(金銭消費貸借)契約などにサインしただけだというのです。それ以外は特に何も手をかけていないという意味です。毎月の家賃回収やリフォームはもちろん、退去が出た場合の客付業者への指示などはすべて管理会社が代行してくれています。彼は入ってくる家賃から管理費用を払っているだけ。本当に「サインしただけ」の仕組みで動いているのです。

世の中の多くの人は不動産投資が難しいもので、借金も怖いと思っています。その心配は理解できるのですが、いざ決心すれば「サインするだけ」。買える条件さえクリアできれば、誰でもできるものなのです。

この知人が習志野と勝田台のアパートを建築する8年ほど前に、初めての不動産投資として東京・江戸川区小岩に築1年のアパートを買ったときの話も秀逸です。

当時、彼の年収は約680万円で、奥様の年収が約400万円、2人とも会社員で世帯収入が1000万円を超えていました。彼らはオリックス銀行で融資を受け、小岩に約7800万円でその物件を購入。この物件は8年間所有し、2023年に売却したのですが、売値は8500万円で、売り出して4日で買い付けが入ったといいます。

物件価格だけを見れば約700万円のプラスですが、その間に家賃収入があったことを忘れてはいけません。毎月の家賃収入から銀行への返済や諸経費を差し引いた手取り家賃が25万円で年300万円、それが8年間で約2400万円だったので、**売却益の700万円を加えると約3000万円を超えます**。

8年前、その人が32歳ぐらいのときに勇気を出して買った結果が、8年間で3000万円ほどの利益となりました。もしも8年前に怖気づいて、買わない理由を探して決断から逃げていたら、その3000万円はありません。

その間、彼は勉強して、先述の通り、習志野や勝田台などに何棟も不動産を購入しています。そんなふうに成功している人が「サインしただけなんだけど」と言っていたことが、すごく印象に残っています。

第4章

正しい「暗号資産」投資で資産ブースト！

「くせ強」資産ブースト術 28

「仮想通貨は怪しい」は不勉強な人間の言うこと

２０２２年11月、アメリカの暗号資産の交換業大手、ＦＴＸトレーディングが経営破綻し、アメリカの金融界は大いに揺れました。過去にもいろいろな事件を乗り越えて、何とか市民権を得つつあったときに起きた経営者による巨額詐欺事件に、暗号資産に対する信頼が一気に失われた感があります。

実際、日本でも「暗号資産は怪しい、危険だ」と思っている人は多いようです。世界的な暗号資産の保有状況について調べた暗号資産決済企業「Ｔｒｉｐｌｅ-Ａ」によると、**23年時点で日本では総人口の約４％に相当する約５００万人が暗号資産を保**

有していると推定されています。これは世界的に見るとかなり少ない数字です(ちなみに、数年前まで「仮想通貨」と呼ばれていた暗号資産ですが、日本円や米ドルのように国が管理する「通貨」と混同されないように、金融庁は呼び名を20年5月から正式に「暗号資産」に改めています)。

確かに、暗号資産には「草コイン」と言われるような信用力に足らない通貨が多いので、「怖い」「怪しい」と敬遠する気持ちも理解できます。

草コインの中には、投資した額の100分の1、中には1000分の1になってしまった通貨もいっぱいあります。

私自身、あるアーティストが広告塔を務めていたコインで痛い目に遭っています(笑)。その暗号資産は2017年に生まれたもので、アーティストはファンを集めたイベントで「1000万円が2億になった」と、ファンに言ったとされています。

そうしたことから、上場前に総額220億円ものお金が集まりましたが、18年5月に上場されると大暴落。上場前には1通貨が200円だったのに対し、23年9月の時点では0・0005円になっていました。

私もアーティストの言葉を信じて、60万円ほど投資しました。0・0005円ということは、60万円が2000分の1の300円になったということです。もう「電子クズ」と呼んで差し支えないでしょう。

23年12月には9月時の20倍近くの0・0090円となっていることから、私の資産は約5400円になりましたが、元は60万円ですから約100分の1です。こうした草コインは1日で数倍になったり、数分の1になるなど**ボラティリティ（変動幅）が大きい**ものです。

暗号資産には、こうした危うさは確かにあります。ただし、それをもって暗号資産全体を判断してはいけません。多くの人が手を引いている今だからこそ、大きなチャンスがあるともいえるのです。

暗号資産の中でも時価総額トップ10以内に入っている通貨は安定して取引されており、資産ポートフォリオの一部として投資していても、中長期的には問題ないと私は考えています。

特に、時価総額1位のビットコインと2位のイーサリアムは、この数年で本稿執筆中の24年1月に比べ3～4倍に伸びるのではないかと言われています。この根拠は、

「ビットコインの半減期」なのですが、詳しくは後述します。

また、暗号資産が敬遠される理由に、税金が高いことも挙げられます。確かに、暗号資産の利益は今の日本の税法だと競馬の当たり馬券と同じ「雑所得」に分類されます（競馬は趣味の範疇《はんちゅう》とされたら「一時所得」に分類）。

たとえば、1ビット600万円のビットコインを買って、640万円で売った場合、40万円の利益が生じます。この40万円は雑所得になり、個人の年収に上乗せされてしまいます。

どういうことか？　株式などの金融商品であれば所得税と住民税を合わせて20・315％の課税で、しかも給与などとは別に課税する「分離課税」ですが、暗号資産での利益は給与などと合算する「総合課税」となります。つまり、累進課税により、所得税率が最高45％プラス住民税10％で、**税率が55％まで上がってしまう可能性がある**のです（P120の表参照）。

しかし、ここは制度の見直しがされています。日本暗号資産ビジネス協会や新経済連盟といった団体が税制改正要望書を金融庁へ提出し、改善を要求しているところです。すぐに税制が変わることはないでしょうが、近い将来、分離課税になる可能性は

■所得税と住民税の税率と控除額

所得税			住民税
課税される所得金額	税率	控除額	税率
1,000円 から 1,949,000円まで	5%	0円	10%
1,950,000円 から 3,299,000円まで	10%	97,500円	
3,300,000円 から 6,949,000円まで	20%	427,500円	
6,950,000円 から 8,999,000円まで	23%	636,000円	
9,000,000円 から 17,999,000円まで	33%	1,536,000円	
18,000,000円 から 39,999,000円まで	40%	2,796,000円	
40,000,000円以上	45%	4,796,000円	

（令和6年1月現在）

※平成25年から令和19年までの各年分の確定申告においては、所得税と復興特別所得税（原則としてその年分の基準所得税額の2.1パーセント）を併せて申告・納付することとなります。

出所：国税庁

十分にあります。

そもそも、税金が発生するのは利益を上げたときです。保有しているだけでは税金はかかりません。

暗号資産への投資は短期ではなく、中長期の資産が推奨されています。**ポートフォリオの〝スパイス〟として暗号資産を組み入れていく**ことをおすすめします。

ネガティブな理由を並べ挙げて、一歩踏み出さないのは、慎重を通り過ぎてチャンスを逃がすことになりかねません。

ただし、繰り返しますがスパイスとしての投資対象です。

「くせ強」資産ブースト術 29

MLMを絡めた暗号資産詐欺には気をつけろ！

暗号資産のイメージ悪化に拍車をかけたのは、MLMを絡めた暗号資産案件です。MLMとは「マルチ・レベル・マーケティング」のことで、いわゆるネットワークビジネスのことを指します。

これは、MLMを組成した主宰者の人たちが、自分たちでデジタル通貨を作って、この通貨をネットワークの会員たちが買うことによって、将来的な値上がりを狙っていくというものです。これを販売するときに使うスキームが、MLMの紹介料の仕組みです。ディストリビューター（勧誘や小売りなど行って報酬を得る権利を持つ会員）

がその通貨を販売し、同時に買ってくれた人を新たなディストリビューターとして勧誘し、そのディストリビューターはさらに別の人を勧誘していくという手法で、ピラミッドのような多階層構造ができていきます。

ディストリビューターには売上が多ければ多いほどお金が落ちるようになっていて、さらに自分が紹介したディストリビューター（ピラミッドの下の階層の人）の売上額に応じて報酬を得る仕組みとなっています。

このMLMを絡めた暗号資産が一時非常に流行《はや》りました。私のところにも2020に話が舞い込んできました。ネットワークビジネスのチームが、ある暗号資産に投資すると「**月利20%**」だと売り込んできたのです。

月利20%というその時点で、「いや、あなた間違っています。だまされていますよ。絶対ヤバいから今すぐ足を洗ったほうがいいですよ」と言いました。すると、相手は「小林さん、この通貨の将来性を全然わかっていないですね。本当にやらなくていいのですか？」と返してきました。私は、「いや、絶対やりません。余計なお世話ですけど、あなたも他の人に声かけないほうがいいですよ。MLMで人を集めれば紹介料が出るのでしょうけれど、やめたほうがいいですよ」と言ってお引き取り願いました。

それから数カ月後の9月、その通貨の投資受付の締め切りだということで、「今月はキャンペーンで、月利40％ですよ」と再び勧誘の連絡が来たのです。

数カ月で月利が倍になるというのはあり得ない話ですから、「本当にやめたほうがいいよ。そのプロジェクト、年内持たないと思うよ」と言ったら、「小林さん、わかっていない」と堂々巡りです。もちろん、その話はお断りしました。

結局、その人の紹介だけで10億円ものお金が集まっていたようですから、そのMLM全体では何百億円もお金が集まっていたと思います。

この件はどうなったか？　9月に投資を締め切って、翌10月には主宰者がドロンして音信不通になりました。完全に仕組まれたパターンです。

これはほぼ詐欺に近い犯罪行為ですが、こういう事件がいくつもありました。ビットリージョン、ビットクラブ、D9クラブ、ビットシャワー……と、ビットコインを絡めたMLMも横行しましたが、軒並み破綻状態になってしまいました。

定番の出資詐欺である**ポンジ・スキーム**のような手口もありましたし、単純に開発した暗号資産の価値が上がらなかった事例もありました。こうした事例のおかげで暗号資産のイメージが地に落ちています。しかし私は、本当にいいものもあるのに、そこに目が行かなくなってしまっている状況にあるだけだと思っています。

不動産業界では「千三つ」という言葉があります。ネットなどで不動産の情報を1000種類見ても、検討に値するものは本当に限られていて、最終的に買いに値する物件というのは三つぐらいしかないという確率の低さを表しています。

では、暗号資産はどうか。暗号資産の数は現在、1万5000とも2万ともいわれています。これだけの種類があって、しかも日々増えています。不動産同様、暗号資産もまさに「千三つ」です。

ただし、違いはあります。不動産と違い、暗号資産は選ぶべきコインがほぼ決まっているのです。**「ビットコイン」と「イーサリアム」の二つ**なのです。

1万5000〜2万の中のたった二つですが、これがリスクが低く将来性のある投資すべき暗号資産だといって間違いないでしょう。銘柄選びに悩む必要はありません。

「くせ強」資産ブースト術 30

デジタル通貨が普及したら「暗号資産は終わり」は大きな勘違い

お金の価値をデジタルデータ化したものに「電子マネー」と「暗号資産」の他に、日本ではまだ使われていない「CBDC(中央銀行発行デジタル通貨)」もあります。これは、国の中央銀行が発行するデジタル化された法定通貨です。

中国では、実際の通貨と同様に使用できる「デジタル人民元」を法定デジタル通貨として中国人民銀行が発行し、国内28都市で実証実験を行いながら使っています。今後、中国ではデジタル通貨をベースにする流れが加速していくことでしょう。

日本ではまだ現金主義の人も多く、電子マネーは普及しているものの、デジタル通貨はまだ現実化されていません。

２０２３年秋にはＧＭＯあおぞらネット銀行が、ブロックチェーン技術を使ったデジタル通貨を24年７月に発行することを発表しています。日本においても、少しずつ**日本円のデジタル通貨化が進んでいく**ものと思われます。

こうした動きに対して、「円やドルがデジタル通貨化したら、暗号資産は終わりじゃないのか？」と考える人もいるようです。

しかし、この二つはまったくの別物なので、デジタル通貨が普及したとしても、暗号資産が価値を失うことはないと考えられています。

現金があっても金（ゴールド）に投資するのと同じく、デジタル通貨ができても暗号資産は**〝デジタルゴールド〟**のポジションを守っていくように思います。たとえ商取引全般が円やドルなどのデジタル通貨ベースになったとしても、発行元が国家である限り、リスクが内在することに変わりはありません。通貨に対するオルタナティブな存在として暗号資産は残っていくはずです。特にビットコインとイーサリアムは最後まで価値が残り続けるだろうと考えます。

「くせ強」資産ブースト術 31

ビットコインに投資する大チャンスが「今」である理由は「半減期」

投資の世界で起こるビッグイベントをご存じですか。それが2024年の春に訪れると予測されているビットコインの「半減期」です。

実は、ビットコインの発行枚数の上限は2100万枚までと決まっていて、それ以上新規発行されることはありません。つまり、希少価値が保たれるのです。

ビットコインのすべての枚数が供給されるまで、ビットコインの価値を下げないためにやってくるのが「半減期」です。

ビットコインは売買によって利益を得る以外にも、報酬を受け取ることができます。

■ビットコインの価格チャートと半減期

出所：コインマーケットキャップ

それがブロックチェーンに新しいブロックを作り出す「**マイニング**」（**採掘**）という作業です。半減期は、このマイニングで得られる報酬が半減するタイミングです。これによって、新しいビットコインが流通する速度を半分に減らすことができ、ビットコインの価値を高めて、価格上昇の可能性を上げていくわけです。

ビットコインは21万ブロックを生成すると半減期が訪れるようにプログラミングされていて、それがだいたい**4年に1度訪れます**。09年にビットコインが誕生してから最初の半減期は12年11月、2番目の半減期は16年7月、3番目の半減期は20年5月に発生しています。次の半減期は24年2月から6月の間と予想されています。4年に1回とはオリンピックみたいですが、まさに**オリンピック開催の年にビットコインの半減期は訪れる**わけです。

ビットコインは23年3月現在、上限の89%程度の約1930万枚が発行・流通されていますが、このペースでいけば、マイニングが終了するのは2140年頃と予想されています。

これまでは過去3回の半減期のあとは、1~2年以内に大きく価格が上昇していきます。もちろん、絶対はありませんが、24年から25年にかけてグンと上げていく可能性が高いと期待されています。

具体的には、直近のボトムの価格から6~7倍上昇して、その後3分の1に戻るという「三歩進んで二歩下がる」ような動きを繰り返す歴史があります（P128の表参照）。

直近のボトムは22年の年末で1ビット220万円を切るくらいでした（24年1月現在は630万円前後）。過去の半減期後のようにボトムの6~7倍と考えると、**1300~1500万円になってもおかしくはありません。** そうすると、ゴールドマン・

サックスが22年1月に「**1ビット10万ドルを超える可能性がある**」と発表した見解とかなり符合します。

　こうした話は、暗号資産をちょっと勉強している人であれば誰でも知っている話なのですが、皆さんはいかがでしょうか。今投資のチャンスが来ているのは明らかだと思います。

　ビットコインは金と同様、分割しても買えます。リスクを抑えたければ0・001ビット5000円くらいから始められます。5万円でも50万円でも余剰金があるのであれば、今が投資のチャンスであり、これをみすみす逃すというのはもったいないタイミングでもあります。

　もし、投資を見送るにしても、4年後にまた訪れる半減期に備え、暗号資産の値動きを常にチェックしておいてはいかがでしょうか。

「くせ強」資産ブースト術 32

24年1月、ついにビットコインETFが承認され、取引拡大の流れに

２０２４年1月10日、米証券取引委員会（ＳＥＣ）は、申請が出されていたビットコインに連動する11のＥＴＦを承認し、さっそく取引が開始されました。

ビットコインそのものは、値動きが荒いものですが、ＥＴＦとなると比較的売買しやすくなり、ＥＴＦが普及することで、新規の投資家の流入・拡大が見込まれています。

ＥＴＦというのは「上場投資信託」というもので、名前の通り証券取引所に上場している投資信託の一種です。一般の投資信託は、1日1回算出される値段で1日1回しか注文や解約ができない仕組みです。それに対しＥＴＦは株と同じように、証券会社

を通じて、**取引時間中は1日に何度でもリアルタイムで売買できます。**

ＥＴＦは、日経平均株価や東証株価指数（ＴＯＰＩＸ）、ＲＥＩＴ（不動産投資信託）、通貨、金（ゴールド）などの値動きに連動するように作られているインデックス型と、連動対象指数を定めないアクティブ型があります。不動産や金が高すぎて買えないという場合、それらに連動するＥＴＦを買っておけば、それらの値動きに沿ったリターンを得ることが可能です。

そのＥＴＦにビットコインの現物建てという商品がラインナップすることになると、これは画期的なことです。ビットコインが本当に怪しければ、ＥＴＦ商品になることはあり得ません。

私のスクールで暗号資産を教える先生は、ビットコインのＥＴＦが承認されると、少なくとも３００億ドル、日本円で４・５兆円くらいの資金がビットコインに流入するだろうと見ています。

こうした話題が出るくらい、**ビットコインの信用度は上がっています。**「暗号資産は怪しい」という偏見を捨てる時代がやってきたのではないでしょうか。

「くせ強」資産ブースト術 33

お金持ちになりたければ、ビットコインとイーサリアムを買いなさい！

2024年2月中旬現在、1ビット760万円前後ですが、将来的にはおそらく過去最高の800万円以上へ進み、その後はさらに10万ドル（1500万円）に向かっていくのではないかと思っています。

その過程で1ビット400万円、300万円に下がるフェーズがあるならば、そのときがチャンスです。**下がったときこそ買うチャンスだと思考を切り替える**ことこそが、株であれ不動産であれ、資産を増やす不変の手法です。

私の場合、下がるときに買うことがくせになっています。暗号資産投資では、ビットコインが23年9月に380万円まで下がったときに、約200万円で0・5ビットを買っておきました。

下げるトレンドのときに買うという行為は恐怖をともなうもので、慣れないとなかなかできませんが、一つの方法として、**毎月定額を投資する「ドルコスト平均法」**を実践すれば、その怖さを克服できます。

ドルコスト平均法とは、値が変動する商品を毎回一定金額で継続して購入していく手法で、一定の数量を買い続けるよりも平均買付単価を低く抑えることができる投資テクニックです。

ドルコスト平均法を使えば、ビットコインが高いときは少ないビット数、安いときは多いビット数を購入することになるので、長い目で見れば平均買付単価を引き下げることになります。ドルコスト平均法は右肩上がりの相場にはあまり適していませんが、ビットコインのようにボラティリティが高い商品には向いています。自分で予算を決めて、月3000円でも2万円でもいいので、定額を積み立てていくことをおすすめします。

第1章でも述べたように、**つみたてＮＩＳＡだけでは大して資産は増えません。**投資資金の全額をつみたてNISAにつぎ込むのではなく、一部でビットコインを毎月買っておくように思考をチェンジしていくと、思わぬ資産に大化けする可能性もあるわけです。

こうしたことをSNSで発信しても、「暗号資産とか草」とか言われて、なかなか理解されないのですが、私は、**投資資金の一部だけでもビットコインの積立てに投資するほうが、将来性がある**と信じています。

本音を言えば、ビットコインとS&P500のどちらに伸び率のポテンシャルがあるかといったら、ビットコインのほうであると確信しています。ビットコインが来年以降6~7倍になる可能性は考えられますが、S&P500が今から3倍、5倍になるということは考えにくく、逆に崩れる可能性があるのではないかと思っているくらいです。むしろ、これまで低迷していた日経平均のほうに伸びしろを感じています。

新NISAでの積立投資信託もいいのですが、それだけにとどまらず、ビットコインの積立てに月に1万円でも2万円でも予算を回せば、リスクの分散にもなりますし、将来も楽しみになります。

もしも、今すぐに使う予定のない定期預金などをお持ちであれば、ビットコインが少し下がったタイミングを見て100万円分程度買ってみてはいかがでしょうか。

ビットコインの現物ETFは、まだ日本国内では承認されていませんが、日本での今後の展開にも弾みがつくかもしれません。ETFであれば暗号資産交換所や販売所を使うことなく、証券口座で売買できることから、容易にビットコインをポートフォリオへ組み入れることができるようになります。しかも、**利益を上げた場合、ETFなら雑所得ではなく分離課税で処理できるのは大きなメリットです。**

また、ブラックロックなどはイーサリアムでも現物ETF上場を正式申請していますので、こちらも実現が期待されているところです。

「くせ強」資産ブースト術 34

暗号資産の税制に「小さくて大きな」見直しがある

暗号資産で利益を上げた場合、雑所得として申告しなくてはいけないと述べました。実際、住民税を含めて最高税率55％まで達する可能性があるのは嫌だという声をよく耳にします。

実は、国税庁は22年12月に「暗号資産に関する税務上の取扱いについて（情報）」を更新して、「暗号資産取引に係る収入金額が３００万円を超える場合、帳簿書類の保存があれば原則として事業所得に区分される」という旨の情報を追加しています。

まず、「帳簿の保存」については、誰でも取引の履歴があるので普通に用意できるものです。問題となるのは「**300万円の収入**」という文言です。基準は収入であって、利益ではないということ。つまり、利益は300万円に達していなくても、売買で300万円を超えれば事業所得として認めるというように書いてあるのです。これは地味ですが、非常に大きな意味を持つ追記です。

たとえば、1ビット400万円で買っていたビットコインが500万円に上がったので、これを売った場合を考えてみましょう。この場合、利益としては100万円ですが、500万円の収入があったと帳簿に保存しておけば、事業所得として認めてもらえる可能性があるということです。100万円の利益は雑所得ではなく、事業所得として扱えるようになるというのは非常に大きな変化です。

事業所得になれば、事業にかかる支出を経費計上できることになります。本を買って暗号資産の勉強をした、セミナーに行った、携帯電話で情報交換したなどの経費を計上することで、事業所得としての利益を圧縮することができるようになったのです。

もちろん、最後は儲かった利益から納税をしなくてはいけませんが、雑所得よりも利益の圧縮がしやすくなったために、納める税金もそれだけ少なくて済みます。

これほど重要な情報にもかかわらず、多くの人に知られていないと思われます。まだ「暗号資産って雑所得でしょ」と思われているかもしれませんが、少し改善したことを知っていただければと思います。

これは、国が雑所得としてしか認めなかった金融商品が、条件付きではあるものの事業所得として認めざるを得ないほど成長してきたために、その扱いも改善したということではないでしょうか。もしかしたら、近い将来、暗号資産も分離課税の扱いになるかもしれません。

仮に数年後、分離課税になる日が訪れたら、そのときには「株式投資と一緒だからちょっとやってみようかな」と、多くの国民が動くはずです。ただ、それが確定した段階で動くのでは遅すぎます。そのときは日本中から投資資金が一斉に流入しますので、価格高騰が予測されます。そのとき、**多少のリスクを取って、以前から仕込んでいた人が勝つのは当然のことです。**

少し早めのタイミングで踏み込んで、月に数千円でいいので投資するのはいい練習になります。これができる人が富裕層の仲間になる素質があるといえます。

たとえば暗号資産取引所の「Coincheck」なら、最低積立金額月1万円の「月イチつみたて」プランだけでなく、1日あたり約300円から積立が可能な「毎日つみたて」のプランもあります。月額で比べると月イチつみたてプランと大きく変わりませんが、先述のドルコスト平均法の利点を最大限に生かし、リスクを軽減する投資が可能となります。

もし分離課税が認められなければ、利益確定した場合に税金が発生しますが、税金を払うということは利益が出ているということです。「暗号資産が1億円になったのに、5500万円も税金を払う」と考えると損した気分になるのかもしれませんが、「**4500万円も利益が出た**」と考えるべきなのです。成功する前から税金の心配は要りません。

半減期を前にし、アメリカではETFが承認され、しかも事業所得として認められたこのタイミングを逃がさず、少額でも暗号資産への積立投資を始めることができるかどうか。皆さんはどうされますか。

「くせ強」資産ブースト術 35

要注意！ 暗号資産は「取引所」で買いなさい！

暗号資産は世界中の通貨と交換ができます。さらに、暗号資産を使ってモノを買ったり、サービスを受けたりすることが可能な場合もあります。その暗号資産を手に入れるには、「日本円で買う」ことが一般的です。まずは、暗号資産を売買できる口座の開設が必要となります。

現在暗号資産を取り扱っているのが、ビットポイントジャパンやビットフライヤー、GMOコイン、コインチェック、バイナンスジャパン、ザイフなど、金融庁から登録を受けている29の暗号資産交換業者です。

ここで口座を開設した後、ビギナーを悩ますのが、暗号資産の「**取引所**」と「**販売所**」の存在です。同じ暗号資産交換業者の中に両者が存在するので、混乱してしまうのです。どちらで買っても良さそうですが、手数料などの違いがあるので注意が必要です。また、業者によっては取り扱う暗号資産の種類が違います。

まずは「取引所」。ここでは、**ユーザー同士が直接、暗号資産の売買を行います**。注文した条件が売りたい人と一致すれば取引が成立します。このプラットフォームを提供しているのが、暗号資産交換業者の取引所であり、売買が成立した場合は取引所に仲介手数料を払う必要があります。

一方「販売所」は、**ユーザーが暗号資産販売所を相手に売買をする仕組みです**。販売所では希望する数量の暗号資産を確実に購入できますが、価格は取引所が独自に決めているので、手数料がやや高めに設定されています。

取引所の取引はネット証券で株を買うのに似ています。販売所での売買はECサイトでの買い物に近いかもしれません。

肝心の手数料ですが、ビットフライヤーでビットコインの取引手数料を見てみると、取引所の場合は無料（スプレッドあり）、販売所では約定数×0・01～0・15％となっています。

スプレッドとは買値と売値の差のことで、実質的な手数料といっていいでしょう。ビットコインの取引所でのスプレッドは0・16％ですから、約定数によっては販売所のほうが手数料を抑えられる場合もあります。

しかし、一般的には販売所での売買は手数料が高いので、**取引所のほうがお金をかけずに暗号資産の売買ができます。**

ただし、手数料の安さだけで暗号資産交換業者を決めるのも考えものです。そもそも自分が欲しい暗号資産を取り扱っていなければ意味がありません。同じ暗号資産でも業者によって手数料が違うので、暗号資産別に業者を使い分けることを考えましょう。

頻繁に取引をするなら、スマホアプリでの操作性の良さも大きな要素になります。また、長期所有で売買を頻繁に行わないというのなら、それほど手数料やスプレッドを気にする必要はないものの、セキュリティに信頼感のおける業者を選びたいものです。

■ 暗号資産の主な種類と時価総額

種類	値段（円）	時価総額（円）
ビットコイン	6,439,311	126兆332,881,440,424
イーサリアム	345,582	41兆533,259,655,972
テザー	148.47	14兆287,497,695,913
BNB	45,019.40	6兆732,483,966,946
ソラナ	14,544.64	6兆348,880,004,387
XRP	75.31	4兆99,621,563,628
USDC	148.62	4兆33,739,200,957
カルダノ	74.58	2兆642,731,564,771
アバランチ	5,301.70	1兆947,019,467,753
チェーンリンク	2,908.30	1兆707,272,525,846

（2024年2月5日現在）
出典：コインマーケットキャップ

主な交換業者	銘柄数	販売所でのビットコイン最低取引数
バイナンス	47	0.001
ビットトレード	39	0.0005
ビットバンク	37	0.00000001
コインチェック	28	500円相当
DMMビットコイン	28	0.0001
GMOコイン	26	0.00001
ビットフライヤー	21	0.00000001

（2024年1月現在）

「くせ強」資産ブースト術 36

実例その④

暗号資産で財を成したYさん。100万円が3年で1億円に!

私のスクールの卒業生のYさんの話です。彼は2019年にオンラインカジノ・プラットフォーム「カルダノ(Cardano)」で利用可能な暗号資産である「エイダコイン」を、数百万円分購入していました。

19年末頃は4~6円あたりを行ったり来たりしていましたから、4円で100万円買っていたとすると、約25万エイダコインになります。

エイダコインは21年に急に火がつき、21年9月には400円を超えました。Yさんが**4円で買ったものが100倍になったのです。**

Yさんは25万エイダコイン所有していましたから、これで約1億円。3年で〝億り人〟となったわけです。

これはかなりうまくいった例ですが、こういうパターンもあり得ることはぜひ知っておいてもらいたいと思います。

Yさんは一部を利益確定して、残りを保持しているようです。全額を利確してしまうと所得税の累進課税で半分以上税金で消えるので、一部にとどめたのでしょう。

ちなみに、エイダコインは24年1月時点で約75円なので、ピーク時に比べたら8割も下落しています。それでも、Yさんが買ったときから見ると9倍の値を付けています。

今後、ビットコインやイーサリアムでこのような大化けは想定しにくいですが、数倍になることはあり得ます。

現在、**Tポイントや楽天ポイントなども暗号資産に交換できる**ようになっています。まずはそうしたポイントで暗号資産を買ってみてはいかがでしょうか。暗号資産投資の勉強にはいいいかもしれません。

第5章

「くせ強」副業&資産運用で富裕層の仲間入り

「くせ強」資産ブースト術 37

資産運用の基礎知識「キャッシュフロー・クワドラント」の考え方

本書の目的は、老後に困らない資金を作っていくことです。

会社員としていくら頑張っても、将来生活に困らないくらいの年金がもらえるかどうかは怪しいですし、つみたてＮＩＳＡを始めたところでそれだけで十分な資産を作れません。そこで私は、サラリーマンでも副業や投資ができることをお伝えし、誰もがお金に困らない老後を迎えてほしいとの思いで筆を進めてきました。

その具体例として、先に不動産投資や暗号資産投資の手法について述べてきましたが、それを実行する前に、どのようなゴールを思い描いて進んでいくのかが重要にな

■ キャッシュフロー・クワドラントとは?

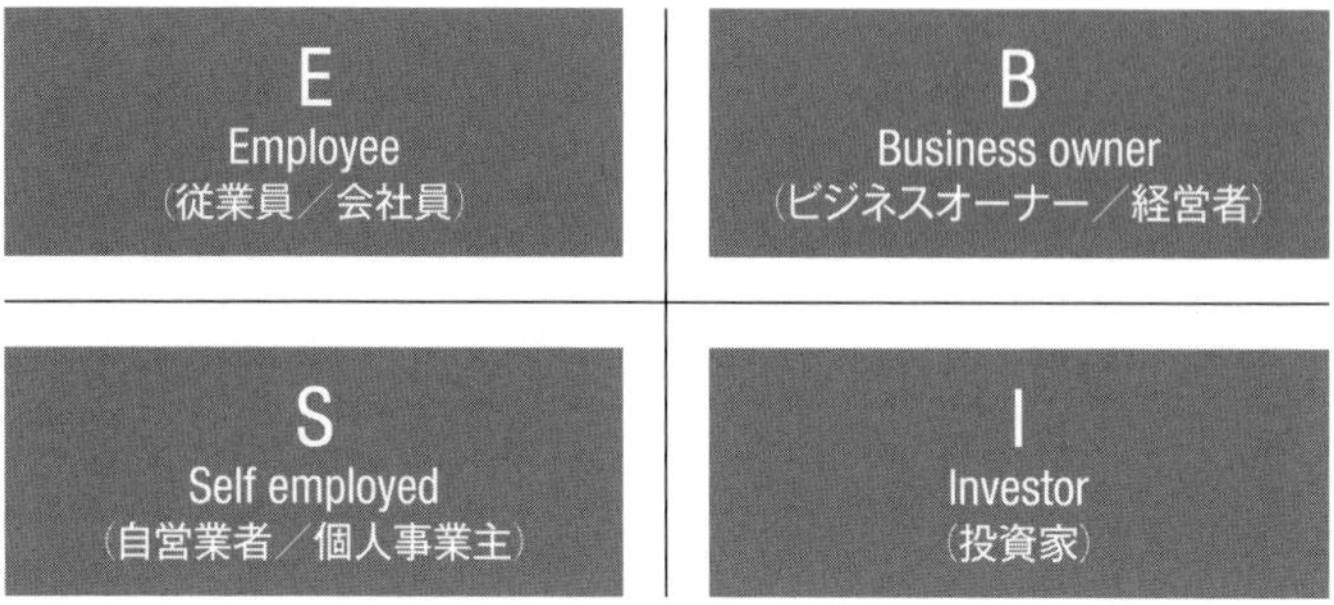

出典：『金持ち父さん 貧乏父さん』（筑摩書房）

ると思います。たとえば、「1億円の資産を作る」を目標にするとしても、ただやみくもに不動産や暗号資産に資産をつぎ込んで一獲千金を狙うのではなく、目標に向かっていくロードマップを思い浮かべ、時系列順に通過する階層、上っていくべき階段をきちんと進んでいくことが重要だと考えます。

そこで役立つのが、ロバート・キヨサキさんの名著『金持ち父さん 貧乏父さん』に出てくる「**キャッシュフロー・クワドラント**」という考え方です。私の投資人生に大きな影響を与えてくれました。この本に登場する金持ち父さんは、キャッシュフロー・クワドラントの法則に従って行動することにより、裕福な人間となっていきます。

「クワドラント」とは「4分割」という意味で、お金を受け取る立場によって、働く人を4つに分類しています。

働いて収入を得るにあたって、誰しも**会社員**（**E**）、

個人事業主（**S**）、**ビジネスオーナー**（**B**）、**投資家**（**I**）の4つのカテゴリーのどこかに当てはまるはずです(P149の表参照)。副業においても、この4つのカテゴリーに身を置いて考えると非常にわかりやすくなります。

読者の皆さんの多くは会社員（E）の方が多いと思いますが、まずは副業で個人事業主（S）へ、次にビジネスオーナー（B）や投資家（I）へと立場を変えていくのが理想的です。

Eでいる限り、Bに雇用されて、時間や労働力を切り売りするしかありません。ただし、毎月必ず一定の収入が得られるという安心・安定が得られます。SもEと同様、時間や労働力を切り売りすることで収入を得、働けば働くほど収入が増えて仕事も選べます。ただし、収入は安定しません。

Bは会社を経営することで事業の「権利」が得られます。従業員やシステムが働いてくれるので、現場での作業は不要となります。Iは株式や不動産など、他人のビジネスを利用して、お金を自分のために働かせます。自分の時間を多く使うことなく、収入を得ることができます。

「くせ強」
資産ブースト術
38

最初に押さえておくべきSクワドラント副業とIクワドラント副業

まず、会社員（E）から副業で個人事業主系のSクワドラント領域のビジネスを始める場合、仕事をこなすほど収入が増えていきます。たとえば、**ウェブライターや物販、デリバリー、代行業、コンサルなどもすべてSクワドラント領域の副業**です。

自分の労働さえ確保すればマネタイズしやすく、取るリスクも非常に低くて済みます。会社員として働いている経験のある方が、個人事業主的な副業をやるケースでは結果が出やすいというのも特徴です。

この労働収入クワドラントの弱点は、自分が働かなければお金が生まれないというところ。つまり、自分の手を動かす作業を怠ったり、さまざまな事情で物理的に作業ができなくなると収入が途絶えてしまったりするデメリットがあります。逆にいうと、自分の実働がそのまま結果に反映するので、働きさえすれば稼げて、リスクが低いというメリットがあります。

Sクワドラント副業のデメリットをリカバリーできるのが、投資家（I）です。Iクワドラントの特長は、自分の労働の対価としてではなく、自分の保有している資産や仕組みがお金を生むというところ。まさに「**お金がお金を生む**」ことが魅力となっています。

ただし、労働収入のSクワドラントよりはリスクは取る必要が出てきます。不動産投資ならば、500万円、1000万円の自己資金を投入したり、銀行の融資を受けるというリスクを取る代わりに賃貸収入を手にすることができます。そうしたリスクをヘッジするためにEクワドラントの本業収入や、Sクワドラントの労働収入を作っておくことが大事になります。こうした収入源を作ることで、Iになるために必要となるリスクをヘッジできます。**E、S、Iのバランスが大切**なのです。

Eの右隣に、ビジネスオーナー（B）があります。これは、私のような会社経営者の状態を指します。自分の持っている仕組みやビジネスモデルがお金を生むというフェーズです。

従業員を雇ったり拠点としてオフィスを構えたりする経費を準備するリスクはありますが、ビジネスを軌道に乗せてしまえば、それなりに大きなお金を得られるのが経営者の魅力です。

ただし、Eからいきなり B に移るのは非常にハードルが高いと思います。将来的に B になる可能性はあるにしても、**まずはEからIを目指すほうが着手しやすいはず**です。

私が見る限り、一番多いパターンはEの人が副業でSを始め、そのビジネスが大きくなって雇用を生み、Bにランクアップするというケースです。

無駄遣いせずにお金を蓄えて、すでに手元にある程度の余剰資金がある方は、Eでありつつ、Iへ進むことができます。副業などでさらに労働するのは嫌だという方もIに進むのがいいでしょう。

ただし、Eにとどまっている方の多くが、まだ投資するまとまった資金がないと思われます。そういう方には、リスクを抑えたSクワドラント副業を行うことで、お金を作っていくことが可能だとお伝えしたいと思います。

まずは自分で労働をすることを前提にして資金を増やしながら、ある程度の資金ができたところで投資家（I）として資産運用でブーストをかけていくというのが現実的なロードマップです。キャッシュフロー・クワドラントでは、そうした進むべき階層、段階をイメージしやすいのではないでしょうか。

では、Iはいくらぐらいの余剰資金があれば始められるのでしょうか。実際は数百万円で始められます。

ちなみに余剰資金という言い方をしているのは、日々の生活に必要なお金を投資に回してほしくないからです。家賃はもちろん、お子さんの教育資金などは余剰資金ではないので、そこには手を付けてはいけません。

「くせ強」資産ブースト術 39

資金がなければ、まずは「Sクワ副業」で作れ

Iに進むための資金作りとしてリスクなく始められるのが、ネット物販やデリバリーなど、実働系Sクワドラント系副業です。「老後の資金は作りたいけど、運用を始める資金がない」という人は、すぐにでも「**実働系副業**」を始めましょう。

本業での収入をしっかり確保しながら、収入を作るのです。

投資を行うには資金が必要となります。今、手元に数十万円しかない、余剰資金が100万円以下だという方は、どうしても労働が必要となります。まずはお金を稼ぐことから始めていただきたいです。

■副業で資金1,000万円を作り出す！

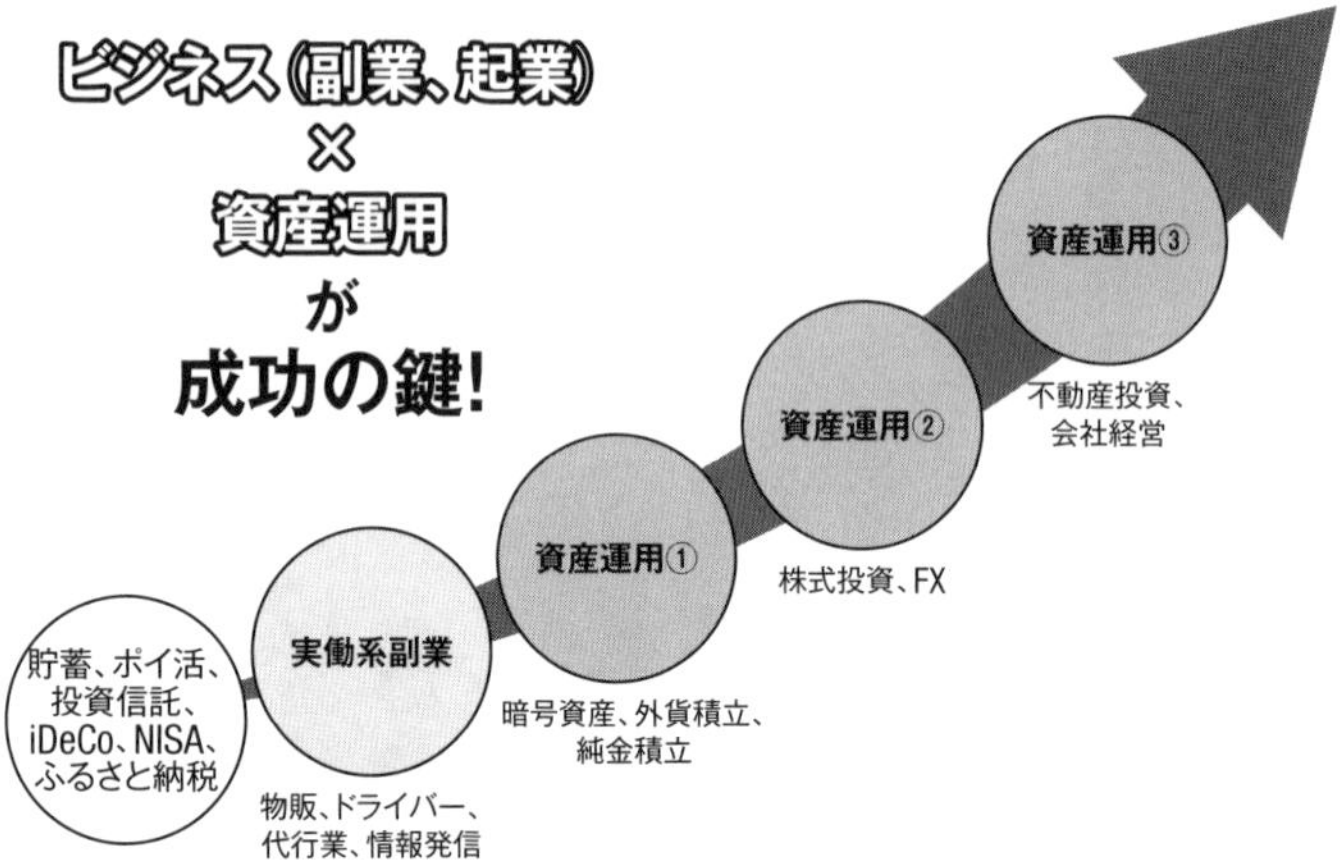

もちろん、数十万円からでも株式投資は始められますが、少額の一点買いをしても、その会社が不祥事などを起こしてしまうと株価が下落し、退場せざるを得なくなる恐れがあります。

ＦＸも10万円程度で始められはしますが、その資金だと数円の値動きでロスカット――強制決裁の憂き目に遭って資産を失うことも覚悟しなければなりません。

しかし、資金がもう少しあれば、株にしてもさまざまな業種の会社に分散投資ができます。ＦＸにしても、１００万円の元手があれば、為替の動きに一喜一憂せずに資産を増やすことは可能です。維持率を30％程度に抑えて売買したり、買いでエントリーしてこつこつスワップポイントを稼げばいいのです。

元手となる投資資金が多ければ多いほど、さまざまな選択肢が生まれます。

右ページの図には、資金作りの始まりとして、貯蓄、ポイ活、投資信託、iDeCo、新NISA、ふるさと納税を載せています。この前段階として、保険や携帯電話の契約を見直して、月々数千円でも資金作りに回したいものです。

ここで資金が増えてきたら、資産運用①、②、③の段階にシフトしていくというイメージです。**資産運用①は暗号資産や外貨、純金などを積立てしていくものです**。誰でもすぐ始められますし、実働系副業をやっているレベルでもすぐに始めていくべきです。

そしてトレード（売買）の取引資産運用②の段階を経て、最終的には不動産や事業投資、会社経営といった資産運用③の世界が見えてきます。それぞれ、段階別の資金量のバランスというものがあるので、現在の立ち位置を確認したうえで段階を踏んでいきましょう。

実働系副業の代表となるのが「ネット物販」です。近年、オークションサイトやフリマアプリなど個人が商品を出品できるプラットフォームが増え、誰でも簡単にネット上で物販ができるようになっています。

自分で作ったアクセサリーやイラスト、インテリアなどを売っている方もいますが、本書で取り上げるのは、**自分で仕入れた商品に利益を乗せて売っていくやり方**です。いわゆる「転売」というもので、イメージはよくないかもしれませんが、その商品を必要としている人の代わりに手間をかけて商品を探し出して、用意してあげる対価をいただくわけですから、胸を張っていいビジネスです。

「くせ強」ネット物販では、「何を売るか」ではなく、どのような仕組みで利益を上げていくのか最初に考えたいと思います。つまり、どのようにプラットフォームを活用していくのか、考えていきましょう。

「くせ強」資産ブースト術 40

資金は「Ｓクワ副業」で作れ　その①

ネット物販　Ａｍａｚｏｎ

ネット物販において、仕入れた商品をどのプラットフォームで売っていくのがいいか。私は「Ａｍａｚｏｎ」「メルカリ」そして「ｅＢａｙ」の三つをおすすめします。これらが今ネット物販で集客力が高く、結果が出やすいものになっています。

まず、Ａｍａｚｏｎでの物販のすぐれた点は、世界一集客力が高いという点です。

ここでぜひ利用したいサービスが**「フルフィルメント by Amazon（FBA）」**です。

これは、Ａｍａｚｏｎのセラーアカウントを持っていれば、Ａｍａｚｏｎの倉庫に自分の商品を在庫しておくことができ、Ａｍａｚｏｎが受注、梱包、発送、カスタマーサービス、返品対応のすべてを代行してくれるというサービスです。

つまり、自分は商品のリサーチと仕入れに集中することができ、在庫管理から発送等に時間を取られずにすむのです。ということは、この作業に取られる時間は１日30分から1時間ほど。副業の強い味方です。

もちろん、費用は発生します。月額４９００円＋販売手数料＋ＦＢＡ手数料（ＦＢＡから顧客への送料など）のランニングコストがかかるので、それ以上の利益が見込まれる場合でなければ意味はありません。Ａｍａｚｏｎのセラーアカウントを取得には、マイナンバーやクレジットカード明細などを用意して、Ａｍａｚｏｎのサイトから申し込むだけです。

ネット物販成功の秘訣は、安く商品を仕入れて、いかに利益を乗せて売っていくかがすべてだといっても過言ではないでしょう。

では、どこで安く商品を仕入れればいいでしょうか。

答えの一つが、**楽天市場で仕入れてＡｍａｚｏｎで売るという手法です。**これは物販の入り口で初心者でも結果を出しやすい手法となっています。

「Ａｍａｚｏｎと楽天市場ではそれほど大きな価格差はないのではないか？」

そう誰もが思うことでしょう。もちろん、価格差のある商品を探し出すというのが重要になるのですが、それ以上に大きいものが「楽天ポイント」の供与です。

楽天市場では、商品の購入額（税抜き）の１％が楽天ポイントとして還元され、１ポイント＝１円分として使うことができます。楽天市場や楽天ブックスなどの楽天の各サービスや街のスーパーやコンビニなどでもポイントを利用することができます。

楽天ポイントには**ＳＰＵ（スーパーポイントアッププログラム）**というシステムがあって、楽天グループのサービスをたくさん利用すれば、最大16・5倍のポイントが付与されます。それに加えて、楽天イーグルスやヴィッセル神戸が勝利した翌日はポイントが2倍になったり、「お買い物マラソン」というキャンペーンと絡めれば、最大44・5倍のポイントを受け取ることができたりします。つまり、１０００円の買い物に対して、４４５円もポイントが付く場合があるわけです（２０２４年1月現在）。

23年12月にＳＰＵの特典が見直されたことから、「楽天ポイントが改悪！」と騒がれましたが、それでもポイント還元率は高いといえます。ただし、月間でのポイント獲得上限と限度額があるので注意は必要です。

ＳＰＵの特典を最大限享受するためには、携帯電話は楽天モバイル、クレジットカードは楽天カード、引き落とし銀行は楽天銀行……と、〝楽天経済圏〟にどっぷりハマる必要がありますが、その見返りは大きなものです。

たとえば、楽天市場で10万円のゴルフキャディーバッグ3点を、楽天銀行に紐付いた楽天カードで楽天イーグルスが勝った翌日の5と0のつく日（5日、10日、15日……）に購入したとしましょう。ダイヤモンド会員で、楽天モバイルと契約している前提です。

計算すると、**30万円の買い物に対して5～10万円分のポイントが付与されます**（24年1月現在）。

このキャディーバッグを、ＦＢＡを利用してＡｍａｚｏｎに出品したとしましょう。これを購入額と同じ30万円で売れれば、当然ながら利益はゼロ。ＦＢＡ利用料と10％の手数料をＡｍａｚｏｎに支払うので、赤字になってしまいます。しかし、楽天市場から付与された5～10万ポイントを勘定に入れると、取引上は赤字であっても、ポイントの差額が利益となるわけです。

さらに、30万円で仕入れたものを35万円で売れるようなリサーチができるようになると、差額分とポイント分が利益となります。

私のアカデミーの受講生の中には月に20万ポイント、年間で240万ポイント獲得した方もいます。コンビニやスーパーでも買い物に使える楽天ポイントは電子マネーそのものです。

もし、彼のようにポイントを貯めることができれば、本業の手取りから20万円分が浮くことになるので、それを貯金すれば年に240万円、4年頑張れば1000万円近くの投資資金を作ることも可能になります。

「くせ強」資産ブースト術 41

資金は「Sクワ副業」で作れ　その②

ネット物販　メルカリ

次に、「メルカリ物販」についてお伝えします。メルカリは、誰でも簡単にモノの売り買いが楽しめる日本最大のフリマサービスです。

メルカリでは、ユーザー数が非常に増えており、商品を2点出品したら1点は売れるといわれるくらい、購入者が多くてモノが売れやすい状況にあります。

私のアカデミーの受講生には「不要品をまず100個出品してください」と言っています。皆さん履かなくなった靴や使いかけの口紅、iPhoneの箱などもけっこう売れることを実感されていると思います。

使いかけの口紅を誰が使うのかと考えてしまいますが、唇の当たる部分はカットして、試しに使ってみたいというニーズがあるようです。拾った松ぼっくりがクリスマスのリースを作りたい人に売れたり、流木や貝殻、片方しかないピアスなども売れたりします。そうした不要品だけでも数万円から10万円以上のお金が作れる可能性があります。

身の回りの不要品の次は「仕入れて売る」ことをやはり目指していただきたいと思います。

一番多いのは、**中国の「タオバオ（淘宝網）」と「アリババ（阿里巴巴 1688.com）」から商品を輸入して、メルカリで売るという技。**中国からの輸入代行業者がいるので、日本語でやりとりが可能です。

それぞれのサイトをリサーチして、日本で高く売れそうな商品を見つけ、日本語で「この商品を100個仕入れてくれ」と依頼すれば、仕入れが完了します。

ある受講生は、中国のサイトで300円で仕入れたものを2000円で売ったといいます。画像検索や細かいリサーチの技術は必要ですが、中国から安く仕入れて日本の相場で売れば、利益率が40％にもなる場合もあるようです。月20万円の売上があれば、利益が約8万円です。

まず、身の回りの不要品販売で自己資金を作ってから本格的な仕入れを行い、メルカリで販売して利益を出していくという流れです。

AmazonのFBAのようなサービスはないので、在庫、梱包、発送などはすべて自分でやらなければいけないという煩《わずら》わしさがありますが、その代わり、利益率はとても高くなります。

Amazon物販で、商品を仕入れて販売する手法では、利益率は20~25%ぐらいのところ、**メルカリ物販なら40~50%ぐらいの利益が出すことも可能**です。

メルカリの場合、アクセサリー類を中国から安く仕入れて、アクセサリーのセットにして売るなど、女性が自分の感性を生かして利益を上げている例が多いのが特徴です。配送用の封筒も小さくて済む点も人気の理由となっているようです。

「くせ強」資産ブースト術 42

資金は「Sクワ副業」で作れ　その③

ネット物販　eBay

Ａｍａｚｏｎもメルカリも、日本国内で日本人にモノを売るビジネスでした。このノウハウを生かして、日本のモノを海外で売る「ｅＢａｙ」にチャレンジすると、思わぬ世界が広がるかもしれません。

私の会社の社員がｅＢａｙを使った物販の副業をやっていますが、月商５００万円ほどになっているそうです。とてもポテンシャルを感じさせるプラットフォームです。

ｅＢａｙはアメリカの会社で、Ａｍａｚｏｎより規模は小ぶりながら、利用者は多いショッピングサイトです。ｅＢａｙでは日本で仕入れた商品を、アメリカを中心に世界中に売ることができます。特に円安ドル高傾向の現在、**アメリカ人にとっては日本の商品を格安で買える**ことから、人気を集めています。

とくに、スニーカーやTシャツなどはもちろん、トレカやマンガ、アニメグッズなど、世界中から日本のレアなお宝を求めるために買い手が集まっています。「日本限定品」などは世界のマニア心をくすぐることでしょう。

また、日本人にとってもうまみがあります。円安であれば、ドル決済すると日本円に換金したときに為替差益が大きくなる可能性もあります。

英語のプラットフォームなので、メルカリやAmazonのように日本語でやり取りができないストレスはありますが、**中学生レベルの単語・文法程度でやりとりができます**。今はGoogle翻訳もあるので、英語が苦手という人でも大きな問題は発生しないと思います。個人でも海外への輸出が容易にできてしまう時代なのです。

eBayでの海外物販には二つの大きなメリットがある

eBayでの海外物販には二つのメリットがあります。

一つは、「**無在庫セラー**」が可能だということ。通常は日本で仕入れた商品を出品して、売れたらFedExなどの物流会社を経由して購入者に商品を発送するという流れですが、eBayは無在庫で出品することもできる貴重なプラットフォームなのです。Amazonやメルカリ、楽天市場では、無在庫物販は禁止されていますが、eBayで物販を行う大多数の人が無在庫セラーです。

無在庫セラーは、売れそうな商品を仕入れる前に出品するセラーをいいます。売れた後に商品を仕入れて発送するのです。

失敗しないためには、まずはeBayで売れているセラーさんたちを見て、どの商品が人気となっているのかリサーチすることが大事です。そして、それに類する商品を、楽天市場やAmazon、Yahoo!オークションなどで見つけていき、日本国内で仕入れていきます。そして、これだという商品を見つけたら、買う前に出品するのです。

出品数は500品とか1000品に設定しておきましょう。そして10個から20個売れたら、その分だけ仕入れて発送すればいいのです。代金が入金されてから仕入れることが可能なので非常にキャッシュフローがよく、在庫を抱えるリスクがないのが大きなメリットとなります。


もう一つのメリットは、**輸出業を行うと「消費税の還付」が受けられる**ことです。輸出のために国内で仕入れた商品代などにはすでに消費税が含まれています。そのため、輸出事業者は確定申告をすることで、仕入や経費（事務用品の購入や交際費、広告宣伝費など）で支払った消費税の還付を受けることができるのです。消費税は、あくまでも日本国内での取引に課せられる税金です。

輸出取引に消費税が課せられることはありません。

これは非常に大きなメリットです。余談ですが、国内の大企業が軒並み消費税アップに反対せず、それどころか経団連などの経済団体の長が消費税増税を与党に提言する裏には、還元された消費税がそのまま利益となる輸出企業の思惑が潜んでいるのかもしれません。

注意点としては、消費税の還付を受けるには「課税事業者」でなければいけないということ。2023年10月から始まったインボイス制度において、インボイス登録事業者になる必要があります。その点さえクリアしておけば、輸出事業者は消費税還付のすべてが手取りの利益になるというメリットがあるのです。

消費税還付を前提に考えると、輸出物販自体の利益率が5〜10％の薄利であったとしても、10％の消費税が戻ってくるのですから、ビジネスとしては十分成り立ちます。その仕組みが、輸出物販が人気となっている理由でもあります。当然のことながら、輸入販売では消費税還付はないので、念のため。

さて、ここまで述べてきたAmazon、メルカリ、そしてeBayを活用したネット物販は在宅でできる副業です。ピンと来たものがあれば、すぐに始めてみてはいかがでしょうか。

「くせ強」資産ブースト術 43

資金は「Sクワ副業」で作れ　その④

デリバリー

「人とコミュニケーションを取るのが苦手」「商品の梱包とか郵送とか考えただけで無理！」――そうした人に向いている副業が「デリバリー」です。自分の体と時間を使って、モノを運ぶ仕事です。

今や、Ａｍａｚｏｎや楽天市場、メルカリなどでネットショッピングを行うことは当たり前の時代です。とくに、新型コロナウイルスの影響でみんなが家に引きこもったときにオンラインでの買い物が急増した関係で、物流数が増えました。

ネットでモノが売れるのはいいのですが、問題はそれを運ぶ人です。物流において、最終拠点から個人宅までモノを運ぶサービスを「**ラストワンマイル**」といいますが、このラストワンマイル需要がとても増えました。

国土交通省のデータによると、令和3年度の宅配便取扱個数は49億5323万個で、前年比で1億1676万個、約2・4％の増加となっています。毎年、数億個というレベルで配達個数が増えているので、それを運ぶドライバーの需要も増えているというわけです。

さまざまな実証実験は行われていますが、まだロボットやドローンで運ぶというわけにもいかず、結局のところ、個人宅の玄関先や宅配ボックスまで人間が配達するという仕組みは変わりません。私はこうしたことに目をつけて、軽貨物事業を展開しています。

個人宅にモノを届けるドライバーの仕事は、肉体労働ではありますが、ほぼ間違いなく稼げます。ネット物販のようなリサーチや仕入れの難しさはなく、失敗は考えにくいビジネスです。

たとえば、「インディード」という求人サイトがありますが、「配達」「デリバリー」「ドライバー」というキーワードで検索すれば、「副業・WワークＯＫ」「シフト自由」

という仕事がたくさん掲出されています。そこから選んで週に2～3回デリバリー副業を始めることが可能なのです。

私の会社では、とあるドラッグストアの配達業務を受注していますが、この仕事は週に7日、年365日途切れることはありません。1人のドライバーに週7日働いてもらうわけにはいきませんから、週5日はもちろん、週1～2日でもいいので稼働できるドライバーがいてくれたら助かります。つまり、「**週1回だけでもいいので配達してほしい**」**というニーズがある**わけです。

この配達事業は、ドラッグストアのネットショップで買ってくれた方のお宅に商品をお届けするというものです。特長は、ドラッグストア側が配達用の電気自動車を用意してくれるという点。配達員が自分で車を用意しなくても、配達の日だけ車を借りて行うことができます。

電気自動車の利用料は差し引かれるのですが、注文を受けた品を店舗から1日に20～40個配達して、手取り1日1・5万円前後になります。もちろん、私たち軽貨物業者への手数料を抜いた額です。

この仕事を週1回行えば、それだけで**月に5～6万円**になります。頑張れる人は週

2回稼働し月に10～12万円を手にすることが可能なので、1年間で100万円お金を貯めようと決めたなら、デリバリーも一つの選択肢です。

将来性があるデリバリーを本業にするのもあり

車の運転が嫌いでなければ、いっそ軽貨物運送を本業にしてしまう道もあります。週に5日稼働すれば、手取り月収30～50万円になります。これは、キャッシュフロー・クワドラントでいう個人事業主（S）になるということです。

仕事に慣れてきたら、自らが軽貨物業者になって、ドライバーを数人そろえて、自分が仕事を発注する側になることも夢ではありません。つまり、ビジネスオーナー(B)になるという将来性も描けるくらい、**実は軽貨物業界にはポテンシャルがあるのです。**

こうした運送系よりも簡単にできるのが、「ウーバーイーツ」や「出前館」のフードデリバリーの仕事です。1日あたり1〜1・2万円ぐらい稼ぐことができるようです。時間が空いたとき、やりたいとき、気分転換したいときなどにスマホのアプリをオンにすれば、食べ物を配達する仕事の依頼が届き、運動がてらの小遣い稼ぎが可能となります。

ウーバーイーツを例にとると、配達員として働くのは本当に簡単です。UBER公式HPでパートナー登録をして、審査が通れば、面接をすることなく仕事をスタートさせることができます。ただし、17歳以下は登録ができません。

フードデリバリー系の仕事は今後さらに増えていくことでしょう。体が疲れること以外、リスクと呼べるものはほとんどなく（交通事故には注意しなくてはいけませんが）、**好きなタイミングで好きなだけ働ける自由度が高い**ところもおすすめです。何か特別な技術やスキルが必要なわけではないので、副業の第一歩としてやってみる価値はあると思います。

「くせ強」資産ブースト術 44

資金は「Sクワ副業」で作れ　その⑤

代行業

代行業とはその名の通り、人に代わって何かをして、その対価をもらう仕事です。お酒を飲んでしまい、運転ができなくなった人に代わって、利用者の車を運転する自動車運転代行業がよく知られていますが、他にも面白い代行業があります。

お墓参り代行、結婚式の友達代理出席、子どもの宿題代行の他、宝くじや限定品、裁判の傍聴人などの行列代行など、さまざまな代行ニーズがあるのです。

女性に人気の代行業には家事代行があります。DINKs（子どもを持たない共働きの夫婦世帯）やお忙しい家庭の掃除や洗濯、片づけ、買い物、調理などを行うものです。

家事代行会社を通しての仕事の依頼もありますが、現在は家事代行会社を介さず、直接依頼ができる**家事代行マッチングサービス**が充実しています。代行会社を通さない分、その人件費が浮くので、依頼者にとっては料金が安く、仕事を受ける側は報酬がよくなるという利点があります。

有名なプラットフォームとしては、「タスカジ」や「CaSy（カジー）」「キッズライン」などがあります。時給は1500円くらいなので、時間にもよりますが、1日8000〜1万数千円稼ぐことが可能です。ただし、サービスごとに時給や仕事内容が異なるのはもちろん、交通費や損害保険の有無、アプリによって当日に仕事を受けられるかなどの違いがあるので、自分に合ったサービスを探してみてください。

家事以外にも「引越し作業を手伝ってほしい」「畳の張り替えを頼みたい」など、家に関する代行業務を依頼できるプラットフォームに「ANYTIMES（エニタイムズ）」や「くらしのマーケット」などがあります。

たとえば、イケアの家具を買ったものの、自分で組み立てたくない人、あるいは組み立てられない人が頼るのがＡＮＹＴＩＭＥＳの家具組立代行です。家具1個3000円ほどから、大きなベッドだと8000〜1万円です。家具の組立が好きな方だったら、好きなことで稼げるいい仕事です。

ＡＮＹＴＩＭＥＳでは、空いた時間で働きたい人をサポーターと呼んでいて、イケア・ジャパンとトレーニングを共同開催して「**イケア家具組立認定サポーター**」を輩出しています。イケア家具組立認定サポーターになると、オリジナル紹介ページに掲載され、より多くの家具組立依頼を受けることができるようになります。

こうした代行業は、人の役に立てる喜びも伴います。少しアナログなところはありますが、開業リスクは非常に低いので、副業の選択肢として考えてみてください。

「くせ強」資産ブースト術 45

資金は「Sクワ副業」で作れ　その⑥

コンサルティング

何か得意分野のある人が、それを人に教えることでお金に換えていけたらいいと思いませんか。セミナーやレッスンという形を取ったり、そのノウハウを教材にまとめて販売したりすることでマネタイズする手法に、コンサルティングやコンテンツ販売があります。

わかりやすい例に、**英語が得意な方による英語のレッスン**があります。非常に利益率が高くておすすめの副業です。

ヨガを教えます、ギターを教えます、麻雀を教えます——何でもかまいません。私のような不動産購入のコンサルティングでも、ニーズさえあれば、自分が得意なものを人に教えることでマネタイズが可能です。

では、どうやって始めるのか？　これもプラットフォームがいっぱいあるので、そうしたところに登録してマッチングしていくのが始めやすいと思います。

たとえば「タイムチケット」というスキルシェアサービスでは、個人の知識やスキル、経験をチケットにして売り買いできます。また、自分の「得意」や「経験」などをカフェやオンラインで話して数千円稼ぐことも可能です。

タイムチケットのサイトを見ていただければ一目瞭然。インフルエンサートーク、関西弁女子とおしゃべり、ファッションコーディネート、悩み、恋愛、婚活、転職などの各種相談、カメラ撮影、占い……と幅広いカテゴリーの「ホスト」たちが自分の得意とするサービスを提供しています。

コンサルティングなのか、カウンセリングなのか、あるいは雑談を聞いてあげるレベルなのかそれぞれですが、1時間あたり6000円から1万円など、料金が明確化されています。ホストは売上の15～25％を運営側に支払う仕組みとなっています。

ただし、タイムチケットのサイトに載せるだけでは、あくまで〝待ち〟のビジネスです。もう一段上の〝攻め〟のレベルに行くためには、ＳＮＳを駆使して、フォロワーを増やし、自分で集客してコンサルティングしたり、コンテンツを作って販売していくなど、戦略を考えなくてはならないでしょう。

それができれば、サイトの手数料もかからないので、大きな利益に繫がります。

たとえば、先述のネット物販においても、自分で月30万円の売上を出せるようになったら、「**月10万円の利益の出し方教えます**」とＳＮＳでアナウンスしてみるわけです。もし、「教えてほしい」という人が現れたら、コンサルティング料金を得ることもできます。この場合、売上のほぼすべてが利益となります。

こうした情報発信からのマネタイズや、タイムチケットのようなプラットフォームを利用して自分の得意なことを発信する手法もおすすめできると思います。

ただし、玉石混淆のジャンルなので、依頼者側には不安がつきまといます。集客できるかどうかは、ご自身で絶対的な自信があり、実績がある、あるいはノウハウがある内容を与えられるかなどにかかってきます。本当に価値のある中身を教えられるかどうかです。

知っていただきたいのは、自分としては当たり前で大したことのないと思っているスキルでも、他の方からすると宝のような価値がある場合が多いということです。

その他のSクワドラント系の副業でいうと、「ランサーズ」や「クラウドワークス」「ココナラ」などのクラウドソーシングを調べてみるのもいいかもしれません。

さらにデータ入力や動画編集、ＢＧＭ作成、パワポ資料作成などのニーズはたくさんあります。やる気さえあれば少しずつでもお金は作っていけるはずです。

「くせ強」資産ブースト術 46

「Iクワ副業」でストックビジネスを構築せよ　その①

不動産投資

Sクワ副業で資金ができたら、次はI（投資家）クワドラントの副業、いわゆる「**ストックビジネス**」に進出してほしいと思います。

ストックビジネスと対照的なビジネスモデルとされているのが「フロービジネス」です。フロー（flow）は「キャッシュフロー」のフローと同じ「流れ」を意味する英語で、常に新規の取引、一度きりの取引を繰り返すことで成り立つビジネスモデルのことです。わかりやすい例でいえば、飲食店やコンビニなどです。

これに対してストックビジネスとは、継続的に収益を得ることができるビジネスモデルのことです。毎月お金が入ってくる、いわゆるサブスク的なビジネスで、たとえば自動販売機の設置や、不動産投資による家賃収入などが挙げられます。

フロービジネスは、顧客に継続して利用してもらえるかどうかわからないので、事業の収益が安定しにくいものですが、ストックビジネスは**毎月継続してお金が入ってくる仕組みになっているのが強み。**多少のリスクはありますが、投資家（Ｉ）になってストック収入を手にすることは、資産をブーストさせる術《すべ》としてうってつけです。

ストックビジネスの代表的なものが、何度も申し上げてきた不動産投資です。資金が数百万円から1000万円程度用意できるのであれば、新築一棟アパートを建てるか、築浅のアパートを買っていただくのがいいと思います。家賃収入からローン返済額を引いた額が毎月の利益となります。

一棟買いできるほどの融資が出ない場合は、区分マンションの1部屋から始める手もあります。年収500万円ぐらいあれば、融資を受けることは難しくありません。

「くせ強」資産ブースト術 47

「一クワ副業」でストックビジネスを構築せよ　その②

太陽光発電投資

不動産を購入したくても、収入の面から融資が下りなかったり、ご家族が反対というケースもあるかもしれません。不動産に代わるストックビジネスとしておすすめしたいのが、**中古の太陽光発電所の購入**です。

太陽光発電を新規で始めようとすると、土地の選定や整備、機器の購入や設置などが必要となります。中古物件であれば、すでに設備の設置が行われていて、すぐに運用が始められるという利点があります。

実は今、売電の制度変更などを理由として、中古の太陽光発電所の市場が活況を呈しています。

２０１２年、電力会社が再生可能エネルギー由来の電力を、20年間決まった金額で買い取ることを国が約束する**ＦＩＴ（Feed-in-Tariff）制度**ができました（発電容量10ｋＷ未満の場合、10年間）。将来的な収益も計算しやすく、安心感があるということで、日本中で太陽光発電への投資が人気となったのです。ＦＩＴ制度の下で3年間稼働していた太陽光発電を中古で買って稼働させれば、17年間はＦＩＴの権利があり、収入が確定します。

新規の場合、予定通りに年間発電ができるのか、森が生い茂ってパネルに当たる太陽光がさえぎられて発電量が減らないかなど、いろいろなリスクが出てきます。

しかし、もし3年間稼働していた実績のある設備であれば、いわゆる〝膿み出し〟が終わっていると考えられます。数年落ちの中古で買うと、そうした心配はほぼないといえるでしょう。年間の売上も見通せますし、ＦＩＴが残っている年数はずっと決まった金額で買い取ってもらえる安心感が大きなメリットとなります。

ただし、22年4月よりＦＩＰ（Feed-in-Premium）制度が開始され、一定規模以上の設備については、新規認定でＦＩＴ制度が認められなくなってしまいました。ＦＩ

Pとは、ベースとなる買取価格が市場に連動して変わり、それに一定のプレミアム価格（補助金、利益）が上乗せされる制度です。つまり、安定した収益を望むなら、新規ではなく、FITが残っている中古しかないともいえるのです。

太陽光発電では、不動産と違って「空室」が発生する心配をしなくてもいいのがメリットです。太陽光が当たりさえすれば発電するので、安定収入が見込めます。

何よりも大きいのは、**不動産に比べ融資が受けやすい**ことが挙げられます。中古物件の場合、これまでに発電してきた実績が明らかであり、将来の収益も計算しやすいからです。基本的には年収400万円台からローンが組めます。

投資規模はだいたい2000〜3000万円、それに10％の消費税がかかりますが、消費税込みでほぼ全額のローンが組めます。ごくまれに頭金として数十万円でも自己資金を入れてくれといわれる場合がありますが、大抵のケースでは自己資金がなくてもフルローンが組めます。つまり、中古の太陽光発電は、自己資金がゼロでも投資できる代表的なストックビジネスなのです。

所得税と消費税の還付がうれしい太陽光発電

中古の太陽光発電は、安定した売電収入を得られるのはもちろん、税金のメリットが大きい投資です。

一つは減価償却。太陽光発電設備は「法定耐用年数」が17年と設定されています。法定耐用年数の期間内であれば、購入した費用から「減少した価値（減価）」を毎年経費として計上することができます。減価償却の分を売上から差し引くことで利益額は少なくなり、それだけ**納める税額を減らすことができる**わけです。

年収400万円台の人が3000万円の中古太陽光発電を購入した場合、年間300万円ほどの減価償却が認められますので、課税される所得をゼロ――つまり課税額もゼロにすることもできます。確定申告することで、年収400万円ぐらいの人だと25万円ほど、年収1000万円の人だと88万円ほどの所得税が返ってきます。減価償却期間内でしたらこれが毎年続きますので、非常に大きな節税効果があります。

「法定耐用年数が17年」と聞けば、17年経てば寿命が来てしまうのではないかと心配になりますが、太陽光パネルは20〜30年間、またはそれ以上発電し続けることが可能であり、経年劣化もしにくいという性質があります。つまり、耐用年数が経過した後も、あるいはFIT期間が終了後も、発電・売電していくことが可能です。

また、撤去費用が大きくなるリスクが怖いという意見も耳にしますが、その場合はFIT期間が終了したら無償で引き取ってもらえる「無償譲渡」の対応をしてくれる業者があるので、相談してみるのも一つの手段です。

そして、税制面でのもう一つの大きなメリットとして**消費税の還付**があります。物品販売のところで紹介したeBay輸出と同様、太陽光発電では消費税還付が認められています。中古の太陽光発電を購入した翌年に確定申告すると、消費税込み2200万円で買ったパネルの場合は200万円、3300万円の場合は300万円の消費税が戻ってきます。

消費税込みでフルローンを組んでいても、消費税がキャッシュで戻ってきますから、これで資金調達できることになります。

また、ローンの返済は太陽光発電による売電収入から返済していけるので、本業の収入から返さなくて済むことが魅力となっています。

初年度は数百万円分の消費税が還付されて手元資金が増えるので、これを使って物販を始めるなど投資を発展させていくことができるのも、太陽光発電の面白いところです。一般的な会社員や主婦は、消費税の課税事業者ではないので、特にインボイス制度に対応しなくとも問題ありません。

太陽光発電の融資に関しては、ＳＢＩ新生銀行グループの信販会社アプラスが積極的なことで知られています。

いいこと尽くめのように見える太陽光発電ですが、リスクがないわけではありません。たとえば、何かが落下してパネルが割れたり、損傷したりすることは想定できます。そうした場合に備えて、**保険をかけてリカバリーできるようにしておくのが鉄則**です。

また、太陽光パネルで発電した電力を家庭で使用できる電力に変換するパワコン（パワーコンディショナー）が欠かせないのですが、それを10年に１回程度交換する必要が出てきます。

資源エネルギー庁の資料によると、パワコンの交換費用は１台22・４万円とされています。パワコンの容量や機器によって費用は前後しますが、10年に1度はこの出費があることを前提に収益を計算しておく必要があります。ただし、新しいパワコンに交換することで、発電効率が上がって売電収入もアップするという期待ができます。

こうして見ると太陽光投資では大きな儲けは期待できません。売電収入から信販会社へのローン返済した後のキャッシュフローは大したプラスではなかったり、むしろマイナスになる場合もあります。

とはいえ、先述した所得税と消費税の還付を含めると、約20年間のＦＩＴが終わるときには、2倍ぐらいのパフォーマンスになっているはずです。**手元の資金が増えて、他にも投資の道が開けていくことが太陽光発電投資の妙味**です。

中古の太陽光発電への投資において、過去の発電実績がわかるので、複数の発電所を比較することができるのもいいところです。その中から発電量が多い物件を選ぶのがいいでしょう。また、毎日晴天というわけにはいかないので、余裕があれば蓄電池を併用することが有効となります。

「くせ強」資産ブースト術 48

「ークワ副業」でストックビジネスを構築せよ その③

トランクルーム投資

狭い日本では住居自体も狭くて、かつては日本の住宅は「ウサギ小屋」と揶揄《やゆ》されたものでした。居住スペースは何とか確保できたとしても、収納スペースに頭を悩ませている人も多いのではないでしょうか。

一軒家であれば物置小屋を庭などに設置することもできるかもしれませんが、特に集合住宅の場合、居住スペースにモノが置き切れない問題が出てきます。

そんな状況を背景に、トランクルームのニーズがこの10年くらいでかなり増えてきたと感じています。トランクルームといえば全国室数№1の「キュラーズ」が有名です。

利用者は、住居の近くに月額3000〜5000円で収納スペースを借りて、そこに日常は使わない季節もののお人形や鯉のぼりのセット、あるいはスタッドレスタイヤやスキー、スノーボード、キャンプ用具など、かさばるモノを保管することができます。

トランクルームの利用に関しては、アメリカなどと比べると、日本はだいぶ遅れています。日本のほうが収納に困っている人が多いのに、トランクルームの利用者はアメリカに比べると日本のほうが少ないというのは国民性の違いかもしれませんね。

一度使うとやめられないといわれる便利なトランクルームですが、これに投資する手法があるので、ぜひ紹介したいと思います。

築古で空室率が高そうなマンションの1室を賃貸し、パーティション業者に発注してトランクルームとして用途変更、リノベーションを行ったうえで、月額3000円から1万円程度で客付けしていくという手法です。

トランクルームのフランチャイズ事業を行っている業者に相談することもできます。およそ300〜500万円の投資資金を用意できれば、トランクルームビジネスを始められます。また1000〜1200万円から投資が始まる大規模なトランクルームもあります。いずれも**利回り10～12％ぐらいを目指しているケースが多い**ようです。

空き地や駐車場に置けるコンテナタイプのトランクルームでは「加瀬のレンタルボックス」が知られています。屋内型の「加瀬のトランクルーム」では、区分マンションのオーナーが投資している例もあります。

工事費や水道光熱費、防犯カメラ設置費用など諸々を含めて３００～４００万円ぐらいの初期費用がかかりますが、家賃保証型だと通常初期費用はすべて会社側が負担してくれます。プランは、家賃保証型や共同経営型、管理委託型、独立経営型などから選べ、手間がかからない家賃保証型は収益性は下がり、独立経営型は管理運営を自分でやる分、収益性が上がります。

不動産として見ると、人間が住む不動産賃貸系のほうがライバルが多く、トランクルームのほうはまだ競争が少ないといえるでしょう。収納に困っている人に向けたトランクルーム事業も、ストックビジネスとしては面白く、可能性を感じさせます。

トランクルーム投資では、自分で空きテナントを見つけて、自分でパーティション業者に発注して集客することまでできれば、利回りも高くなります。

そうしたノウハウを教えてくれるスクールに通うのもいいでしょう。そこで学べばかなりコストを抑えて開業できて、20％近くの利回りも狙えます。

すべてお任せのサブリースのプランもありますが、月々の手数料が高額になってしまうので、一般管理は自分でやることです。とはいえ、サブリースのプランでも10〜15％の利回りが出るのが一般的です。

集客方法はいたって単純です。トランクルームのお客さんは現地から3キロ圏内が基本となります。近所の家にチラシをポスティングするなど、アナログな施策が有効となります。

始めて半年ぐらいは損益分岐まで時間がかかるケースが多く、しばらくの間は家賃のほうが高くて、赤字が続くことが考えられるので、それに耐えられるだけの余剰資金がある方に向いているかもしれません。一方、一度申し込みが入るとなかなか退去しない傾向があり、不動産投資の賃貸よりも長期間使ってくれるという魅力があります。

地味なビジネスで利益はそれほど大きくはありませんが、**低リスクで少ない資金でも始められるところが特長**です。仮に撤退するときも、投資した額の中でしか損が出ません。

私自身は、トランクルーム事業は行っていませんが、事業として計画した経験はあります。

それは、敷金、礼金、仲介手数料を払って賃貸した１００平米ほどの物件に、１５０~２００万円をかけてパーティションの収納を中に入れるプランで、初期費用の合計３００万円ほどで始められる事業でした。

稼働率が6割ぐらい行けば、それだけで月に18~20万円くらいの売上になり、計算上、年利で20%、あるいはそれ以上も見込まれました。自分で探して自分で発注すれば、そのぐらいの利回りを出すポテンシャルがあります。私の場合、さまざまな事情が重なって、この件は頓挫してしまいました。

「くせ強」資産ブースト術 49

最注力すべきは「インバウンド」に関わる「Sクワ副業」&「Iクワ副業」

これから成長するビジネスに関わっていきたいのなら、「インバウンド」に関連したものを選んでいくべきです。本書の前半でも書いている通り、日本では少子高齢化が止まらずに、人口が減る一方です。

そのため、日本人を対象にしたマーケットが縮小していくのは避けられないし、限界が見えています。利益を生み出すマーケットは、インバウンド関連のビジネスにあり、といっても過言ではないでしょう。

これからも急激な金利上昇は起こらず円安傾向が継続すると予測されます。海外から見て日本は低価格でサービスを受けることのできる国なのです。これからは国内ではなく、世界中の人をお客さんにしていく副業や投資が求められます。

そこで、インバウンドに関連するSクワドラント副業、Iクワドラント副業として、次の５つをご紹介したいと思っています。まさに「くせ強」なビジネスばかりです。

・「くせ強」インバウンド「Sクワ副業」その１：地域通訳案内士
・「くせ強」インバウンド「Sクワ副業」その２：宿泊業（民泊、ホテル、旅館）
・「くせ強」インバウンド「Sクワ副業」その３：輸出事業
・「くせ強」インバウンド「Iクワ副業」その１：外貨両替機事業
・「くせ強」インバウンド「Iクワ副業」その２：レンタカー事業

このうち、「その３：輸出事業」は「資金は『Sクワ副業』で作れ　その③ネット物販　ｅＢａｙ」として説明しているので、ここでは触れません。

「くせ強」
資産ブースト術 50

インバウンド「Sクワ副業」 その①

地域通訳案内士

かつては「全国通訳案内士」の資格がないと、仕事として通訳ガイドをすることは許されませんでした。全国通訳案内士になるためには、毎年1回実施される国家試験に合格しなければいけません。毎年7000〜1万名ほどの受験者がいて、合格率は平均15%前後です（2022年度の英語の合格率は17・4%）。

ただ単に外国語が堪能ということだけではなく、日本の地理や歴史、産業・経済・政治および文化に関する一般常識の筆記試験があるので、幅広い知識が求められます。

しかし、18年に通訳案内士法が改正され、全国通訳案内士でなくても、有償で通訳ガイドをすることができるようになりました。同時に、各地域の独自の制度だった「地域限定通訳案内士」や「地域特例通訳案内士」などは「地域通訳案内士」という名称に統一されています。

地域通訳案内士になるためには、特定の地域の歴史や地理、文化などの現地情報に精通し、各自治体が行う研修受講を通じて登録を受けなくてはいけません（まだ導入されていない地域もあります）。ただ、国家資格の全国通訳案内士に比べれば、**地域通訳案内士の資格を得るハードルは一気に下がります**。最低限の語学力は必要ですが、その地域に関する知識が深ければ、まず大丈夫といえます。

全国各都道府県で募集要項は異なります。たとえば私の知人が地域通訳案内士として活動している高知県では英語・中国語・韓国語の3カ国語で募集しており、条件はそれぞれＴＯＥＩＣ730点以上、中国語検定2級以上、ハングル能力検定2級以上となっており、研修に参加後、口述試験を経て登録される流れとなっています。

彼によると、外国人ツアー客向けのバスの添乗業務の依頼が多いそうです。**報酬は3時間のツアーで4万円**。得意の英語力を生かして外国人の方をおもてなしできるというやりがいも感じられるとのこと。今後さらに海外から高知を訪れる観光客が増えるはずなので、その受け皿になれるのがとてもうれしいともおっしゃっていました。どうです？　いい仕事だと思いませんか。また、お隣の香川県では地域通訳案内士が不足しているらしく、ヘルプに来てくれという依頼もあるそうです。

高知県でそれほどインバウンド需要があることは驚きですが、日本全体を見渡せば、もっと需要は高まっていると思います。訪日観光客のバスツアーが10台20台ともなれば、その台数に応じて地域通訳案内士も必要になります。しかし、その需要に対して地域通訳案内士の資格を持つ人が少ないのが現状。稼げる仕事の一つとして、注目してみてはいかがでしょうか。

「くせ強」資産ブースト術 51

インバウンド「Sクワ副業」その②

宿泊業（民泊、ホテル、旅館）

2024年に入り、来日する外国人観光客が急増しています。今後もその勢いは継続すると予測される中、宿泊業には大きなビジネスチャンスが転がっています。

もし資金に余裕があればホテルを1棟丸ごと購入し運営することも夢があります。

しかし、読者の皆さんにはそれはかなりハードルが高いものです。そこで提案したいのが「民泊」です。

民泊というと、保有している不動産での運用を考えがちですが、「くせ強資産ブースト法」として注目したいのが、**賃貸物件での民泊運営**です。

賃貸物件で民泊を始めるためには、まず民泊事業が認可されている物件を探す必要があります。マンションの場合、管理組合の管理規約で民泊を禁止している場合もあるので、必ずチェックしてください。

また、民泊を運営するためには、自動火災報知設備や消火器などの消防設備の設置が義務付けられています。物件によっては消防設備すべてを新設する必要に迫られ、数百万円の出費となる恐れもあるので、この点は契約前に確認しておかなければいけません。

ここまでクリアして、保健所や市役所などに届出書を提出後、許諾が得られたら、晴れて民泊の開始です。民泊仕様に部屋をデコレーションしたり、家具をそろえたり、Ｗｉ－Ｆｉの設置も必要でしょう。

集客に関しては、手数料がかかるとはいえ、「Ａｉｒｂｎｂ」や「Ｂｏｏｋｉｎｇ.ｃｏｍ」のような民泊のプラットフォームサービスに掲載するのが一番です。

民泊事業で大きな問題となるのが、「１８０日ルール」です。17年に民泊に関しての法律「住宅宿泊事業法」（民泊新法）が成立したことで、難易度が少し上がりました。

民泊新法では、年間１８０日までは営業してもいいということになっていますが、これはつまり、**1年のうちほぼ半分しか宿泊に貸出しできない**ということ。本業、または副業として運営していくには、採算が取れるか不安になるハードルです。

このハードルをどのように越えるか。一つは、営業できない残り１８０日をマンスリーマンションとして貸し出す方法があります。これならば旅館業法の許可を得る必要はないので、年間継続して収益を上げられる可能性が出てきます。地域の特性を勘案して、たとえば、４～９月までは民泊として提供、10～３月はマンスリーマンションを運営していくという方法です。

ただし、１カ月未満の貸出となるウィークリーマンションの場合は、旅館業法の許可が必要となり、営業できないので注意が必要です。

二つ目の方法としては、１８０日間は**レンタルスペースとして貸し出す**方法です。所在地や広さにもよりますが、テレワークや会議、打ち合わせのスペース、撮影スタジオとして、あるいは講習会やセミナーの会場としてレンタルするのです。「スペイシー」や「スペースマーケット」のように、サイト上でレンタルスペースを貸し借りできるプラットフォームも充実しているので、検討の価値はあるでしょう。

「くせ強」資産ブースト術 52

インバウンド「ークワ副業」その①

外貨両替機事業

ここからは、インバウンド需要の拡大を背景にした、ストックビジネス、つまり自分では労働せずに資産をブーストする方法を紹介していきます。

訪日外国人旅行客の増加に伴い、インバウンド関連事業は成長が目覚ましいですが、その受け入れ体制やインフラが整っているかといえば、まだ十分ではありません。

観光庁が定期的に実施している「訪日外国人が旅行中に困ったこと」のアンケート結果によると、「コミュニケーション」「無料公衆無線ＬＡＮ」に加えて、「両替」「クレジットカード／デビットカードの利用」も挙げられています。日本国内ではいまだカード支払い不可の店舗が多く、否が応でも現金を使わなければいけない外国人旅行者の姿が目に浮かびます。

実際、観光庁の資料によれば、訪日外国人旅行客の約96％が決済手段として現金を使っているということです。ほぼ全訪日客が現金を必要としているのです。

この問題を解決する手助けとなるのが「外貨両替機事業」です。有人両替所もありますが、セキュリティや人材確保を考えると個人では手に負えません。そこで注目を集めているのが、「**自動外貨両替機**」の設置で収益を上げる投資です。

ホテルや空港、カラオケボックスなどに外貨両替機を置き、収益を上げるわけです。自動外貨両替機の相場は1台約400万円、その機械の中に収納する日本円が約300万円必要となります。つまり、合計約700万円を用意できればスタートできる投資です。外貨両替機は8～12種類の通貨に対応しているのが主流で、中にはインドネシアルピアやマレーシアリンギットなども両替できる機械もあります。

収益は、設置場所によって左右されますが、利回りはおよそ10～12％が見込まれます。観光客が多く訪れる場所に置いた場合は、20～30％の利回りも期待できます。

ある外貨両替機の業者によると、1カ月3000万円両替されて、月の収入が70万円に達する投資家もいるとか。年利100%を超える計算で、本業といってもいいレベルです。これはレアケースかもしれませんが、訪日外国人の増加を背景にした投資の一つです。

実は外貨両替機のインフラはすでに全国で整備されています。両替機の販売だけではなく、**資金の回収・入替、両替レート設定なども代行してくれる代理店**があるのです。さらには、立地探索や選定・取得までも代行してくれるフランチャイズもあります。手間をかけず運用を任せられるシステムを利用するのもいいでしょう。

リターンは設置場所次第

外貨両替機事業は完全にIクワドラント領域の事業です。初期投資をしたら手をかける必要がなく、毎月のレポートをチェックするだけです。ただし、どれだけ稼働するのかは、訪日外国人にどれだけ利用してもらうかにかかっています。つまり、両替機の設置場所選びがかなり重要になります。成田空港など、国際線が乗り入れする空港界隈のホテルが狙い目かも知れません。

先ほど例に挙げた1カ月3000万円も両替されている外貨両替機は、大阪のカラオケ店に設置されているそうです。繁華街に遊びに来た観光客が、1階に設置されている「EXCHANGE」と表示された外貨両替機のサインを見て、カラオケ店には入らずとも、両替のために立ち寄っているのだとか。

この投資はおよそ700万円からスタートできると述べましたが、そこまで資金がない場合は両替機だけ買う方法もあります。その場合、両替資金約300万円は業者に出してもらうことから、収益は減ります。機内資金も含めた700万円を投資するのが理想です。

では、肝心のリターンはどう決まるのか。

米ドルでは、1ドルの両替で3～8円の両替手数料を乗せるのが相場となっています。たとえば為替レートが仲値（円貨から外貨に替える際の交換レートと、外貨から円貨に替えるレートの中間値のこと。外国為替を取引する際の基準となる価格）で1ドル150円のとき、外貨両替機のレートは1ドル145円だとしましょう。この差額の5円が手数料＝収益です。そこから業者にオペレーション手数料などを差し引かれ、投資家に渡る利益は1ドルあたり2円前後になります。

仮に1日20万円、月に約600万円両替されると、月に8〜9万円の利益を生み出します。大阪の成功例は、1ドル3円以上の利益が投資家に渡っていることになります。

次に、どうスタートすればいいのか。

まずは外貨両替機の販売業者に投資の相談することから始めましょう。設置場所の候補をリストにして提案してくれるので、どこに設置するのかは自分で決めます。たとえば、欧米のみならずアジア圏からの観光客が多いと思われる沖縄に設置したいと希望すれば、沖縄のホテルや繁華街の候補地を提案してくれます。そうした希望が通って、狙い通りの収益が上がれば良し。しかし、想定より稼働しない可能性もあります。そうした場合は機械ごと別の拠点に移すという提案もしてくれるはずです。

外貨両替機は不動産と違い、文字通り〝動産〟です。不動産はその場所でしか運用できませんが、**外貨両替機は移設が可能**です。移設によってリスクを薄めていけるのが特長です。

仮に運営がうまくいかなかったとしても、すべてを失うリスクはまずありません。両替機には資産価値があるからです。

あえてリスクを挙げるなら、撤退したいと思ったときに、両替機を買い取ってくれる次の投資家がいるのか、あるいは業者がすぐに買い戻してくれるのかわからないというところです。

そのため、外貨両替機投資を始めるのであれば、長期保有を前提にすべきでしょう。5年から10年間は続ける覚悟で、余裕資金で始めることが重要になります。

外貨両替機業者の数は多いのですが、コロナ禍で一時期インバウンド需要が落ちたこともあり、この投資に目を向けている方は多くはありません。まだブルーオーシャンの分野です。インバウンド需要を見込んだ投資案件としては、かなり面白いのではないでしょうか。

「くせ強」
資産ブースト術
53

インバウンド「ークワ副業」 その②

レンタカー事業

新型コロナウイルスの影響による需要の減少の影響をもろに受けたのが観光地のレンタカー事業者。レンタカー事業者の廃業や倒産というニュースもありましたが、現在では絶好調で、**観光地ではレンタカーが不足しています**。

レンタカーは訪日観光客ばかりだけではなく、日本人も利用します。沖縄、特に石垣島や宮古島など、日本人に人気の観光地では現在、深刻なレンタカー不足状態にあります。

そこで注目されるのがレンタカー事業への投資です。レンタカー用の車を購入しレンタカー会社に納入すると、売上の10～15％ほどが受け取れる仕組みです。

車種にもよりますが、100万円程度の車を買って納入したとしましょう。売上は1日約8000円です。一般的に1カ月のうち15日ほど稼働するので、ざっくり計算すると月に約12万円の売上が発生します。

閑散期、繁忙期はありますが、100万円の車で年間約144万円を売り上げることになり、投資家の手取りが売上の15％なら、純利益は約22万円です。出資金は100万円ですから、年利20％以上が見込める、かなり利回りの高いビジネスです。

訪日観光客によるレンタカー需要も高まっています。私が2023年にスタートしたレンタカー事業では、すでに**売上の20％が訪日観光客によるもの**です。インバウンドは今後ますます伸びてくると予測されるので、それに伴いレンタカーの需要も増えてくると信じています。

それに加えて、日本では海外旅行ではなく国内旅行が人気を集めています。円安が進み、24年1月現在、ハワイでは、食費が1日あたり1人3万円かかるかというレベル。ならば海外ではなく日本国内の観光地を巡りたいと思う人が増えるのも当然です。国内の人気デスティネーションには、さらなる日本人の旅行需要の増大が見込める状況が続いています。

国内旅行では、ホテル・旅館とレンタカーはセットというニーズが強まっています。日本人だけでなく、訪日観光客からも旅行サイトを経由してレンタカーの予約が入っています。自由に旅先を巡るには車は欠かせないのです。

ではその波にどう乗ればいいのか。仕組みは単純です。レンタカーのオペレーションは業者に任せて、投資家は車を買って預けるだけです。これで100万円程度の投資で、年利20％程度のリターンが得られるビジネスが完成します。

投資家が負担するのは、車の購入費用と手続き事務手数料の初期費用と、毎年の自動車税のみ。自動車保険や車検代、駐車場代、そして修理代を含めたその他の維持経費はレンタカー事業者の負担となっているので、投資家にとってはリスクが抑えられた仕組みとなっています。

また、レンタカー事業は、**出口戦略の苦労が少ないことも特長**です。車は価値が大きく下がらないうえに、数年経っても値が付くものです。

さらに、太陽光発電と同様、事業用に購入した車は減価償却して経費として処理できます。新車の普通自動車の法定耐用年数は6年、軽自動車は4年と定められていますが、普通自動車でも運送事業にあたるレンタカーの場合は4年になります。法定耐用年数を経過してしまった中古車の場合はどうでしょうか。「法定耐用年数×20％」で耐用年数を計算しますが、2年未満になってしまう場合は、法定耐用年数は「2年」とみなし、減価償却費を算出するので、その中古車を入手した事業年度に、**全額費用計上できるというメリット**があります。収入が多い方は、大きく節税することが可能です。

低予算で始められるレンタカー事業

レンタカー不足は、何も沖縄に限った話ではありません。訪日観光客が多い東京や大阪、北海道などでもニーズが途切れることはありません。

私自身、東京でレンタカー事業を運営していますが、24年1月現在、300台が高稼働しています。

また大阪も要注目です。大阪では25年に万国博覧会、30年のカジノを含む統合型リゾート（IR）の開業が予定されています。さらに多くの訪日外国人が見込めることから、早めにレンタカーを仕入れておきたいと思っているところです。

次に注目されるのが**北海道の新千歳空港周辺**です。すでにニセコなどのパウダースノーを体験しにオーストラリア人などが大挙して訪れていますが、スタッドレスタイヤを付けた大きめの車をレンタカーとして用意すると稼働率が上がると考えます。

一方、意外に日本国内でレンタカー事業を成功させるのが難しいといわれているのは京都です。京都は道が狭いうえにタクシーサービスが充実しているので、京都滞在中のレンタカー需要は少ないと見られています。

日本では若者の「車離れ」が話題になっています。車を所有すれば、ローンの返済はもちろんのこと、保険代や駐車場代、車検代、税金などの維持費の負担が大変です。かつては自分の車を持つことにステータスがありましたが、もはや過去の話。月に数回しか乗らないのであれば、必要なときに借りればいいという考えが定着し、カーシェアやレンタカーが台頭してきています。

こうした日本人の考え方の変化に加え、訪日外国人の増加も確実なのですから、日本全国でレンタカーの需要がさらに強くなっていくと見ています。

では、レンタカー投資に準備すべき費用はどうか。

たとえば宮古島や石垣島、奄美大島など観光地として人気の島の場合、幹線道路以外は道幅が狭いので、**取り回しのいいコンパクトカーが最適**です。レンタカー事業では中古車で十分です。コンパクトカーであればオークションサイトで60万円程度で買える場合もあります。島までの輸送費約10万円と諸経費を加えても１００万円ぐらいから始められるというわけです。この程度の投資でも１カ月に12万円程度売り上げ、年間約22万円のリターンが得られるのですから、投資の優等生といえるでしょう。

１台ではビジネスとしての規模が小さくなるため、月々の収益やスケールメリットを考えると、５００～１０００万円の予算で中古車を４～９台購入して始めるのが理想的です。

レンタカー事業は、減価償却による節税をしながらも、高利回りの、少額から始められるお任せ副業です。資産運用にブーストをかけていくために、注目の投資先といえるでしょう。

第6章

お金持ちになるための鍵は「マインドセット」

成功へと導く
「くせ強」思考法 54

挑戦の階段を半歩でも上がってみると、景色が変わる

ここまで、資産を増やすためにおすすめしたい副業や資産運用のノウハウを述べてきましたが、かく言う私は決して特別な人間ではありません。ごくごく普通の家庭に育った、どこにでもいるサラリーマンでした。

しかし、そんな凡人の私が実行し、成果を得てきたノウハウだからこそ、再現性が高い方法だといえると思います。つまり、「小林だからできた」のではなく、「**誰がやっても成功する**」**ノウハウ**なのです。

とはいえ、いざ投資を行おうとすると怖いものですし、勇気が必要だということは

理解できます。

そこで、本章では私が少しずつライフステージを向上させるために大切にしてきた六つの考え方をご紹介したいと思います。

まず、「**挑戦の階段を半歩でも上がると、景色が変わる**」ということについて説明させていただきます。

実は、大多数の人間は「挑戦の階段を上がる」ことを嫌がります。新たな段階にステップアップしようとすると、慣れ親しんだ現状を失ってしまうかもしれないリスクと怖さがあるからでしょう。また、それには辛さやストレスも付きものです。

変化を好まない人が多いのは理解できます。ですから「一歩」——とは言いません、「半歩」でもいいので、少しだけ勇気を出して上がってみると、物事の見え方がガラッと変わっていきます。それは私が毎年のように体験しています。

「はじめに」でも触れているように、年収400万円のサラリーマンだった私が初めて挑戦の階段を上がったのが、なけなしの貯金450万円でワンルームマンションを買ったときです。

区分マンションの1部屋でしたが、26歳の私からすると、大金を払って不動産を買うことはものすごい挑戦でした。不動産の売買契約のときにサインする手が震えていたことを今でも覚えています。

しかし、そこで勇気を振り絞ったことが、今の私に繋がっているのです。

手が震えていた自分が1年半後には一棟アパートを

私はしっかりと不動産の勉強をしてから、立地のいい上野エリアを選択しました。おそらく入居者も付きそうで、しかも利回りも悪くない築26年のＲＣ鉄筋コンクリートマンションに投資することを決めたはずでした。

しかし、いざ買う段になると、「入居者がまったくいなかったらどうしよう？」と怖気づいてしまいました。さらに、「地震が来て、このマンションが倒壊したらどうしよう？」「空から隕石が落ちてきたらどうしよう？」と心配事があふれ出したのです。

気持ちは〝買う〟〝買わない〟を行ったり来たりしました。

しかし、いざ購入してみると所有権移転をした翌月から、手元に家賃が入ってくるようになりました。管理会社への手数料を除き、手取りで約5・1万円だったはずです。家賃が入金されていることを通帳で確認できたときに、私は確実に意識が変わりました。

「うわっ、何も働いていないのに、給料とは別にお金が入ってきた。スゴイ!」

そう感じた瞬間にガラリと景色が変わって、「**もう1部屋、いや2部屋でも買いたい!**」と思ったのです。

ただ、そのときの私は転職したてで、金融機関で融資が組める状態ではありませんでした。そのため、そこから1年くらい我慢して、オリックス銀行やジャックスという信販会社で融資が出るようになるまで待ち、すぐに2部屋を追加で買ったのです。

1部屋目を買うときに手が震えていた私が、1年後の時点では、もう3部屋の区分マンションのオーナーになっていて、まさに**挑戦の階段を一歩上がった感覚**になりました。

次に私が考えたことは、一棟物のアパートを買ったらいいのではないかということでした。区分マンションを数部屋買ったところで、キャッシュフローが劇的には増えないからです。

これは、自分でも驚きの変化です。初めて区分マンションを買ったときには、5000万円、1億円の一棟物アパートを買うなんて、怖すぎて一生縁がないと思っていたからです。「一棟アパートは危ない。区分マンションなら入居付けが楽だから、それでいい」と思っていたはずなのに、わずか1年後には「アパートを建てたいな」と変わっていたのです。

この気持ちの変化は、区分マンション3部屋の賃貸経営を経験してみて、毎月家賃収入が入ってくることに凄みを感じたことと、そのキャッシュフローが10万円を超えてきたことが大きく関係します。

挑戦の階段を半歩上がれば、思いがけない景色が

当時はまだ年収400万円を超えたくらいのサラリーマンでした。本業の手取りが

24～25万円ですが、賃貸経営の家賃収入を加えると合計で34～35万円になります。

そこで、もし私が５０００万円のアパートを購入したら、銀行の返済が月々いくらになるのか、計算をしてみました。もちろん、金利と期間によって金額は大きく変わりますが、当時の私が組めるローンだと、銀行への返済額が毎月23～25万円に達することがわかりました。

毎月23～25万円借金を返していくことは怖いと思うかも知れません。しかし、私は家賃7万円で6世帯が入居しているアパートを検討していたので、逆に「**毎月42万円入ってくれれば、返済したうえにお金も残る**」と考えたのです。

次に、仮に全室空室であれば、自分の給与とすでに所有していた3部屋分の家賃収入から毎月23～25万円が返済できるかどうか――を考えました。その場合、黒字は10万円くらいになってしまうものの、3カ月、いや半年は耐えられるなと考えたのです。

そこで、私は目の前の階段をまた一段上がってみようと思い、ここで初めて一棟経営の契約をしたというわけです。

横須賀に新築したそのアパートは、1カ月半で全室が埋まり、最悪の事態は免れました。地震も起きないし、隕石が落ちてくることもありません。

この段階でさらに景色が変わっていきました。中古でマンションを買うならもっと大きな物件でも怖くないなと成長していったのです。

その後、群馬県で24室のマンションを購入し、今や自分で土地を見つけて新築のRC建築をするまでになりました。10～15年前の私からは信じられないことです。

挑戦の階段はまず半歩でも上がってみることです。上がる前にいろいろ悪い想像をして立ち止まらないでほしいのです。上がったあとの景色は、想像とはまったく違うものになるでしょう。思いもしない景色がそこには広がっているのです。

もちろん、慎重な計算は必要ではあります。

成功へと導く
「くせ強」思考法 55

心配していることの9割は起こらない

禅のお坊さんが書いた『心配事の9割は起こらない　減らす、手放す、忘れる「禅の教え」』（三笠書房）という本がヒットしましたが、この本のタイトル通り、とにかく人間は、心配しすぎだと私は感じています。

投資において、心配しすぎでやらない理由を探して、チャンスをみすみす逃している人がどれだけ多いことか……。私は心配事の「9割」どころか、「9割5分」は起こらないとすら思います。

外出しようとして玄関のドアノブを握ったときに、「もし外に出た瞬間、突然風が吹いて、隣の家の屋根瓦が飛んできて自分の頭に当たったら死んでしまうかもしれない」と考えて、外出するのをやめる人がいるでしょうか。誰もやめることはないはずです。普通はそんな心配、しませんよね。

しかし、何か新しいことを始めようと挑戦の階段を上がろうというまさにそのとき、「外に出たら屋根瓦が飛んでくる」のと同じくらいの心配をする傾向があります。私が初めてマンションを買ったときに、地震が来たらどうしよう、隕石が落ちてきたらどうしようと心配したのが典型的な例で、過剰に心配してしまうものです。

それは、潜在的に怖いから、逃げたいから、そして行動したくないから、そのような思考に陥ってしまうのです。

「自分が心配していたことの9割は起こらない」。ぜひ、そう思いながら挑戦の階段を上ってください。

ただし、慎重になるなという意味ではありません。最初にリスクをきちんと抽出して、取れる範囲のリスクしか取らないということを行動基準にして厳守していけば、仮に心配している1割の事態に陥っても、大ケガはしないはずです。

取れる範囲のリスクであれば、今度はそれを乗り越えていく挑戦が始まると思考を変えていけば、新しいワクワクが始まります。

楽観的に構想し、悲観的に計画し、楽観的に実行する

私がアパート一棟ではなく、区分マンションから不動産投資を始めたのは、取れるリスクの範囲内だったからです。

たとえば、いきなり輸入品を仕入れて売るのが怖ければ、まず身の回りの不要品を売るところから始めればいいだけです。今の自分にできる範囲、取れる範囲のリスクで挑戦の階段を一段ずつ上がっていくべきです。逆にここで二段飛ばし、三段飛ばしの冒険は危険すぎます。

つまり、心配する必要がないということではなく、**その心配を小分けにして、一つずつ解消していく**ということに尽きます。成功するか失敗するか五分五分という状況で行動してはいけません。心配の1割が残っても、それが乗り越えられるものになっ

てから、挑戦するべきです。

京セラを設立した稲盛和夫さんの言葉に、「楽観的に構想し、悲観的に計画し、楽観的に実行する」というのがあります。私は、稲盛さんのこの言葉を知る前から、ほぼ同じことことを心がけてきました。あるとき、稲盛さんの本を読んでこの言葉に出合い、「うわー、この考えは僕と同じだ！」と驚いたものです。そして答え合わせができたようでうれしかったことを覚えています。

何か新しいことに挑戦しようとする場合、最初に「難しい」「失敗するかも」と心配するのは当然ですが、それではなかなか最初の一歩が踏み出せません。そこで、初めに楽しいことを考えるのです。

「副業で月5万円稼げたら好きなものを買えるな」

「**もしアパートのオーナーになれたら毎月家賃が50万円入ってくるな**」

「本を出版して書店に自分の本が並んだら最高だな」

これが楽観的構想というもので、ワクワクできる夢のようなものです。しかし、それだけでは計画はうまく進みません。

そこで次に考えるのが悲観的計画です。これが非常に重要で、このプロセスこそリスクの抽出です。

「副業のために睡眠時間を削られたとしても、ちゃんと本業ができるかな」

「借金5000万円で物件を買ったとして、空室が半年続いたらいくら自分で負担しなきゃいけないのかな」

「自分の本を書いたところで出版社に相手にされなかったらどうしよう」

実際に行動に移していく前に、マイナスの面も綿密に検討する悲観的計画でリスクをつぶすことができたら、ようやく楽観的実行です。

これこそ、「心配していることの9割は起こらないよね」という楽観的実行そのものです。

何かを始めるときに、**楽観的~悲観的~楽観的**という思考のプロセスを繰り返していくと、行動の立ち上がりがスムーズになり、行動が継続しやすくなる効果があります。それが私の行動指針です。

成功へと導く「くせ強」思考法 56

「やらない理由」を探していては、成功は訪れない

もし音楽が好きでギターを始めてみようと思ったときに、「やらない理由」など考えないはずです。

しかし、やりたくないこと、気が進まないこと、面倒くさいことをしなければいけないときはどうでしょうか。音楽が好きでもないのに、バンドでドラムをやってくれだなんて頼まれたら、やらない理由を並べて断ることでしょう。

そういう意味では、本当は本業の仕事だって、やらないで済むならやりたくない人も多いかもしれません。食べていくためには仕事をしないわけにはいかないので、嫌々

ながらも続けている人も多いことでしょう。

その点、副業や投資は違います。**やりたくなければやらなくてもいいのです**。収入アップというリターンは期待できますが、必ずしもリターンが約束されたものではないし、いろいろと面倒な手間がかかることは事実です。睡眠時間が削られる、資金がない、税金が増える、お金を一瞬でなくすリスクがある、もしかしたらインチキな儲け話かもしれない……。やらない理由を探すのは簡単です。

ただし、一歩踏み出さない限り、収入がブーストすることはありません。

冒険を好まない国民性なのか、堅実に働くことが美徳とされているからなのか、日本人はやらない理由を探し出すのは驚くほど上手です。

行動しない理由で、一番きれいに聞こえるフレーズがあります。それは「**勉強します**」という言葉。とても前向きに聞こえますが、これは直面する問題からエスケープする呪文といってもいいでしょう。

私のセミナーの来場者の方から「ありがとうございます、もうちょっと勉強します」という言葉を聞くと、それは「今はやりません」の同意語のように聞こえてしまいます。今すぐやるのを避けるためにいったん勉強することにして、決断することからエスケープしているのでしょう。

もちろん、本当に勉強するのであれば別です。

正直に言うと、私もやらない理由を探すことはあります。しかし、重要なことは、「**やらない理由を探してしまった自分に気づけるかどうか**」です。そのときに、「また自分でやらない理由を探しちゃったな」と気づけるかどうか。これがとても重要となります。

成功へと導く「くせ強」思考法 57

「やるのが嫌だ」と思ったらすぐ「やれ！」

「やらない理由を探すモード」は、目の前に嫌なことがあるときに発動するものです。嫌なことはやりたくないので、やらない理由を一生懸命探すというわけです。

たとえば、物販の講座を受講して、手法を先生に教わったうえで、「この方法で毎日30分だけリサーチしてください」と言われたとします。しかし、リサーチという嫌なことをする前に、「残業で遅くなったから」とか「もう疲れちゃった」などと理由を探して、今日はやらないというのが典型的なパターンです。

英語の勉強も同じです。たとえば、TOEICで800点を取らなければいけなくなり、勉強をする必要があるのに、「今日は息子の誕生日だから」「飲み会があったから」などと理由をつけてはサボってしまう。

リサーチも英語の勉強も、本当は自分のためになるはずのものです。まずは、そこから逃げている自分に気づいてほしいと思います。そして3回に1回でいいので、気が進まないことをやっていただきたいのです。

これは、私のような凡人に向いている改善方法です。3回のうち2回は逃げたり誤魔化したりすることは仕方がないが、その代わり、**3回に1回は必ずやり遂げる**のです。今の私は、3回のうち2・5回くらいはできるようになってきました。

この考え方は、私が27歳くらいの頃に外資系生命保険会社のトップセールスマンから教わったものです。保険会社で年間1億円以上稼いでいるその方に「どうしたらそんなに成果が出るのですか？」と聞いたことがありました。

すると、「超簡単だよ。嫌だなと思ったことを全部やるだけだから」と言われたのです。そうかと感心するとともに、自分には無理だと思いました。それが顔に出たのかもしれません。その方は続けて、「あ、小林君はまだこれからなので、3回に1回でいいよ」

と言ってもらって気が楽になったのを覚えています。

その方は、誰も知り合いのいない経営者の交流会に、嫌だなと思っても一人で行って契約のチャンスを作ったり、1日10件、営業のアポを取るまで電話をかけ続けたり、嫌なことを徹底して続けたといいます。それがトップセールスという結果に結び付いたわけです。

「3回に1回でいいからやってみ」と言ってもらって以来、私はそれを実践するようになりました。

不動産の物件を探したり、リサーチしたり、ブログを書いたりするのは全部面倒くさいことです。やらない理由が頭をよぎるので、そのときに「**自分のためだから3回に1回はやるぞ！**」と自分を奮い立たせて、私はやってきました。これを続けると、ほぼ100％後悔しないようになりました。

自分のために嫌なことをやる

嫌だなと思うことでも行動に移すことができれば、あとはいいことしか待っていません。嫌なことでもやれたという自信がつくのと、逃げていてはできないような経験を積むこともできます。

面倒だなと思いながらも集まりに行ったら、すごくいい出会いがあったというようなことは多いものです。そもそも自分のためになることですから、後悔することはまずありません。

この〝自分のためになる〟というのがすごく大事です。

私は社交的な人間に思われるかもしれませんが、経営者の交流会に出たりするのは苦手です。「初めまして」といろんな人に挨拶しながら話していくことは気が進まないほうだと思います。そういう会に誘われたとき、つい「体調悪いから」と言って断ろうかなとか思ってしまいます。しかし、「やらない理由」を探している自分に気づくようになりました。そこで、自分にとって、その交流会に意味がありそうだったり、興味があるジャンルの交流会であれば、気が乗らなくても出席するようになりました。

すると意外や意外、そこですごく素敵な出会いがあったり、仕事のチャンスが広がったりすることが多いのです。なので、帰るときには「来てよかった」「どうしてあんなに来るのを嫌がってたんだろう」と思うことがほとんどです。

結局のところ、行動の継続が重要だということ。

嫌なこと、気が進まないことから逃げることは、行動しないこと、行動を止めてしまうことを意味します。行動を止めないために、自分のために嫌なことをやるというのをルールにしてみてください。やがて必ず結果が出るはずです。

成功へと導く
「くせ強」思考法
58

俯瞰してみると「大勢に影響がない」と知る

新しい挑戦をして何か摩擦が起こると、つらくなったり、心が落ち込んだり、苦しくなったりするときが出てくるものです。

その瞬間、気持ちが沈んで絶望してしまいがちです。どうして自分だけが苦しいのだろう、大金を損してショックだ、めちゃくちゃ傷つくことを言われた……もう人生が嫌になるくらいです。

誰でも新しい挑戦に取り組めば、うまくいかないこと、周囲との摩擦が起こって傷ついたり、損したなと思って、落ち込む瞬間はあることでしょう。

ですが、数年後に振り返ったときに、そうしたつらさの99％は大したことがなかったとわかるはずです。**自分の人生の大勢には影響がなかったと気づけるものです。**

これは、人間の特殊能力だといってもいいかもしれませんが、記憶を風化させることができるのです。仮に〝つらさ指数〟があるとするなら、今すごく傷ついて、つらさ指数100だとしても、1年後2年後に同じく100のままということはまずありません。ゼロとは言わないまでも、つらさは15〜10くらいまで減っているものです。

人との出会いや別れもそうです。自分の例を出すと、数年前に私は期待していたスタッフに会社を辞められて、自分の責任だと思ってすごく落ち込んだことがあります。自分の能力不足、実力不足もありましたが、自分が全否定されたように感じて、しばらくは食事ものどを通らないほどでした。

しかし、今ではその人と再会してご飯を食べるほど仲良くなっていますし、別の優秀なスタッフにもめぐり合うことができました。100だったつらさ指数が今では1〜2くらい、むしろマイナスに振れているくらいです。

そうした経験があったおかげで、よりよい組織運営ができるようになったり、人との向き合い方も変わったり、プラス面での収穫がありました。

今、地獄のようにつらいなと思っていることも、しばらく経つと風化します。数年後には話のネタになるだろうな、と思っていたほうがいいくらいです。

私の場合、著作を出しているので、たとえ摩擦や苦労、つらい経験があっても、人に教えてあげられる面白いネタになるなと考えるようにしています。

つらすぎて絶望すると、行動が止まってもおかしくありません。しかし「このつらさはいつか風化するし、自分の人生において大勢に影響がない。ここで行動を止めてしまうと成功から遠のいてしまう。今、目の前にある困難を解決するために、きちんと向き合ってみよう」と考えていけば、心が前向きになっていきます。

長い人生、失敗は取り戻せる

このように思考を転換させるコツの一つに、視点を変えることが挙げられます。つまり、「俯瞰する」ということです。

つらく感じるというのは、あくまで主観的なものです。一人称の自分がつらく思っていても、俯瞰して第三者から見たとしたら、実は全然大したことがなかったりします。

先ほど私がスタッフに辞められてショックを受けた例を出しましたが、読者の皆さんにしてみたら、「大したことがない」事例かもしれません。私も、俯瞰して第三者の視点からこの出来事を見て、「まぁそういうこともあるよな。世の中に優秀な人はいくらでもいるのだから、気にしなくてもいいのでは」と思えるようになりました。

いくら大変、つらいと思ったとしても、実は今の日本に生まれ育った時点で、かなり幸せだといえます。極論ですが、そもそもお金で失敗したところで自己破産すれば人生がリセットできますし、最悪の場合は生活保護だってあります。**人生を再建する道はいくらでもあります**。よく言われるように「死ぬこと以外はかすり傷」なのです。

そう考えれば、今の悩みは全然大したことがないなと思えるのではないでしょうか。

他人と比べるのはよくないかもしれませんが、もっと苦労している人も、隣国から攻撃を受けて明日の命も知れない人たちも大勢います。俯瞰したら何でもないことで悩んでいるケースのほうが多いはずです。

ましてや、よほど無謀なことをしていなければ、副業や資産運用の失敗などは、長い人生でいくらでも取り戻せます。

皆さんの経験を振り返っていただいても、過去にものすごく深刻に悩んでいたにもかかわらず、今この話を読むまですっかり忘れていたというようなことがあるのではないでしょうか。

お金を失ったとか、すごく嫌なことを言われたというつらさは、数年経てばむしろ話のネタになります。**そうした嫌なことや失敗が人間の厚みになっていく**ので、すべてがプラスのことだとさえ思えます。

今目の前にあるつらいことも、いつかプラスになる、人生の肥やしになるときが来ると思えると強くなれるし、それが挑戦を止めないコツともいえます。どうせ現在感じているつらさは風化していくのです。行動を止めないようにしましょう。

成功へと導く「くせ強」思考法 59

チャンスの女神はスキンヘッド!?

「幸運の女神には前髪しかない」という言葉はご存じでしょう。幸運が自分に向かってくるときはすぐ摑まないとダメで、通り過ぎてから摑もうとしても後ろに髪がないので摑めない――チャンスは訪れたそのときを逃してはならないし、過ぎ去ってから気づいても手遅れだという意味で使われます。

この考えには私も同意します。ただ、本当に自分の人生を底上げしてくれるターニングポイントになるようなチャンスには、前髪すらないときがあるのです。

「**チャンスの女神はスキンヘッド**」――私の造語ですが、摑むところすらないので、ヘッドロックしてでも捕まえなくてはいけません。そのぐらい摑みづらいチャンスもあるのです。

私がいつも話していることですが、前髪しかない女神を想像してみてください。前髪しかない女神って……見た目が怖いですよね。だから、チャンスというのは怖く見えるのです。「こわー」「キモー」と感じて当然です。

副業を始めるにあたって、準備にお金がかかると、それが回収できるのか不安になります。不動産投資でもローンを組んで借金するのは怖いものです。つまり、チャンスの女神がやってきても、見た目が怖いので躊躇してしまうのです。

これがスキンヘッドだったらどうでしょう？　もっと怖くないですか。見た目がグロテスクで、捕まえようなんて思いもしない人が大半でしょう。しかし、これはチャンスだと思って、スキンヘッドの女神にヘッドロックできる人が、チャンスをものにできるのです。

スキンヘッドの女神に飛びついた私の例

私がスキンヘッドの女神に飛びついて捕まえたと実感しているのが、私を副業人生へと導いてくれたロバート・キヨサキさんのイベントです。今振り返ってみると大ごとではないのですが、当時の私にとっては、**清水の舞台から飛び降りる覚悟**が必要な決断に迫られたのです。

２０１７年、私が「副業アカデミー」を立ち上げて、３カ月くらい経ったときのこと。あのロバート・キヨサキさんが日本で講演会を開くことになって、そのメインスポンサーを探しているという話が私のもとに飛び込んできたのです。

もともと知り合いだった主催者の方から、「赤坂の５０００人くらい入る会場でロバ・キヨさんの講演をやるんだけど、小林さん、メインスポンサーになりませんか？」と電話がありました。「まだ他の人に声かける前だから、もし副業アカデミーが引き受けるなら枠を取るよ」と言うではありませんか。

まさにスキンヘッドのチャンスの女神が私に向かってきたその瞬間、「怖い！」と私は感じてしまいました。怖かった理由は二つあります。

一つは、スポンサー料金が非常に高額だったこと。総コストで1000万円くらい消えてしまうのですから、当時の私は一瞬、怖気づきました。

もう一つは、憧れだったロバート・キヨサキさんのメインスポンサーになることへの畏れです。私が、その8年前にバイブルのように読んでいた本の著者のイベントのメインスポンサーになるなんて分不相応ではないか——この二つの畏れから、**スキンヘッドの女神を一瞬、見過ごそうとしたのです**。電話口で「ちょっと検討して折り返していいですか？」と言いそうになりました。

ただし、この章で述べてきたようなマインドセットはすでに自分の中に浸透していました。「いや、このチャンスの女神はスキンヘッドだ、ヘッドロックしてでも捕まえなくちゃ！」と瞬時に思って、「僕がやります！」と即答したのです。

当時の私にとって、1000万円は大金だし、創業当初でしたから怖かったのは事実です。しかし、その金額を払ってスポンサーになったおかげで、ロバート・キヨサキさんと対談できたり、さまざまな質問をすることができたりしたのは宝となっています。

また、スポンサーということで、前座として、5000人の聴衆の前でスピーチさせてもらえる時間をいただきました。

そこで、私は副業のスクールを立ち上げたこと、副業や投資にはいろいろな手法があって各人にふさわしい手法があるということを述べて、無料セミナーに来てくれるようにお願いしました。すると、会場の数千人がその場でメルマガを購読してくれたり、イベント後にセミナーに参加してくれたりするような、目に見える効果があったのです。

その数年後になりますが、セミナー参加者の中から副業アカデミーの認定講師になるような人も育ち、私にとって非常に大きなターニングポイントとなりました。

電話を受けたあのとき、私が「ちょっと折り返していいですか?」と言っていたら、たぶんすぐに別の会社がスポンサーになっていたはずです。私があの場面で女神をヘッドロックしたおかげで、ステージが変わったという経験ができました。

前髪があってもなくても、チャンスの女神というのは「キモッ」「こわっ」と思うような存在です。

しかし、そこで前髪しかないなら前髪を摑む、前髪がないスキンヘッドならヘッドロックして捕まえるくらいのマインドセットを持っておくと、ここぞというときに大きなチャンスを捕まえて、一気にステージが変わる体験ができます。

あのとき、私は初めて5000人の前で話しましたが、それによってまた基準値が上りました。それ以降、イベントなどに出てもまったく緊張しなくなったのは、あのイベントのおかげです。

私はただの凡人に過ぎません。完璧な生き方ができるわけではありません。だからこそ、この章で挙げてきたマインドセットを常に自分に言い聞かせているのです。

ここに挙げた六つのマインドセットとは、自分自身の成長を叶えるために行動するうちに自然に見えてきたルールともいうべきものです。「成功の法則」といっても差し支えないでしょう。

皆さんも心に刻みつけ、どうぞ成功を手に入れてください。

おわりに

「人が死ぬときに後悔することトップ10」というようなコンテンツがネットやYouTubeなどでよく特集されています。

私もつい見てしまうのですが、必ず入っているのが、「**もっとリスクを取って生きるべきだった**」という項目です。

特にずっと会社勤めをしてきた方が定年して、残り少ない人生を過ごしていく中で、「もうちょっとリスクを取って挑戦してもよかったのに」と後悔しているケースが多いようです。

「リスクを取らないことが最大のリスク」とよく言われるように、後悔しない生き方をするには、これまでも述べてきたように、周囲との意見や感情の食い違いによる摩擦を恐れずに挑戦の階段を上がっていくしかありません。

しかし、人間は楽なほうに流れていきがちです。よほど意識をしないと、リスクを取ろうとはしません。そのため、自分の人生の終盤になって振り返ってみて、ようやく「もっとリスクを取っても大丈夫だったな、取れるリスクはいっぱいあったな」と気がつくのです。

無謀ではなく、取れるリスクだけを取って行動すれば、後悔はないはずです。私は今死んでしまったとしても（子どもの未来は見たいですが）、自分がやってきたことに悔いがありません。今取れる範囲のリスクで摩擦を快感と思いながら行動を継続しているので、今死んでしまっても仕方がないと思うだけです。「あのとき、あれをやっておけばよかった」という思いは一切ありません。

死ぬときに後悔を残すような人生を皆さんには送ってほしくないという思いも、本書を書く動機の一つになっています。

そのためには、目の前にある挑戦の階段を、取れる範囲のリスクだけ取って上がってみることが重要です。その先に今は見えない景色が待っているのですから。

そのときには摩擦が起こりますが、それは新たな階段を上がっているという行動の証です。しかも、心配事の9割は起こらないものです。取れるリスクの範囲内で行動できれば、1割の心配事が起こったとしても、その階段を上がり切れるのです。

かつて、バスケの神様マイケル・ジョーダンが本の中で「**挑戦せずに諦めることはできない**」と語っていましたが、それとまったく同じです。

ジョーダンはバスケ引退後に野球のメジャーリーグに挑戦しました。結果は出ませんでしたし、畑違いの野球に挑戦する彼を批判する声もありましたが、本人としてはまったく後悔はないどころか、やってよかったと思っているに違いありません。

皆さんにもぜひ後悔のない人生を送ってほしいと願っています。

2024年 早春　小林昌裕

本書で紹介した内容の理解に役立つ
サポートコンテンツをご用意しました。
ぜひご活用ください。

https://landing.fukugyou-academy.com/boost

■PC・スマートフォン対象（一部の機種ではご利用いただけない場合があります）。■パケット通信料を含む通信費用はお客様のご負担になります。■第三者やSNSなどネット上での転載・再配布は固くお断りいたします。■システム等のやむを得ない事情により予告なく公開を中断・終了する場合があります。■視聴方法はYouTubeのヘルプをご参照ください。■本コンテンツは株式会社レベクリが管理・運営・提供するものとなります。株式会社KADOKAWAではお問い合わせ等をお受けしていません。■端末やOSによっては、データファイルを開くためのアプリや、サービスへの登録が別途必要になる場合があります。なお、必要なアプリのインストールや詳細な操作手順については、ご利用環境によって異なるため個別にご案内できません。

【お問い合わせ】
株式会社レベクリ
https://fukugyou-academy.com/contact/

※2024 年2月現在の情報です。

装丁●川島 進
執筆協力●中野克哉
本文デザイン・DTP●Fujii Graphics
編集協力●伊藤 剛(Eddy Co.,LTD)
岡﨑灯子
編集●磯 俊宏(KADOKAWA)

小林昌裕（こばやし・まさひろ）
1982年生まれ。大学卒業後、建築材料メーカーに就職。営業職として働くも、本業収入だけでは将来のお金が足りないことに気づき、副業を決意。2009年に不動産投資を開始、中古一棟アパートや新築一棟RCを複数取得し、合計68戸のオーナーになる。また、物販事業、株式投資、講師業など収入の柱を複数構築、年間収益が1億円を超え、2014年に退職。現在は副業の学校「副業アカデミー」の代表を務め、学生・社会人を問わずお金のリテラシーを伝える活動に尽力、不動産売買事業や軽貨物事業、レンタカー事業なども展開中。

お金《かね》持《も》ちがこっそり始《はじ》めてる
「くせ強《つよ》」資産《しさん》ブースト術《じゅつ》
1億《おく》の壁《かべ》を超《こ》える「シンお金《かね》の増《ふ》やし方《かた》」

2024年3月19日　初版発行

著者／小林《こばやし》 昌裕《まさひろ》

発行者／山下 直久

発行／株式会社KADOKAWA
〒102-8177　東京都千代田区富士見2-13-3
電話　0570-002-301(ナビダイヤル)

印刷所／図書印刷株式会社

製本所／図書印刷株式会社

●お問い合わせ
https://www.kadokawa.co.jp/（「お問い合わせ」へお進みください）
※内容によっては、お答えできない場合があります。
※サポートは日本国内のみとさせていただきます。
※Japanese text only

定価はカバーに表示してあります。

ISBN 978-4-04-606626-8 C0033